Lust auf Genuß

RÖMERTOPF®

INTERNATIONAL

IN DEN BESTEN KÜCHEN DER WELT

WILLKOMMEN
IN DER WELT VON RÖMERTOPF

Sie haben sich für das leichte, schnelle und doch natürliche Kochen entschieden. Sie sind figurbewußt und kennen aktuelle Erkenntnisse der Ernährungswissenschaft. Sie wollen gesund leben und bleiben, sind aufgeschlossen, dabei aber nicht unkritisch. Sie folgen Trends nur, wenn diese Sinn machen!
Herzlichen Glückwunsch zum Kauf Ihres RÖMERTOPF.

Seit Jahrzehnten weltberühmt und doch jung geblieben, ist der RÖMERTOPF heute so aktuell wie morgen: durch seine ganz besondere Art, schonend zu garen. Das Naturprodukt ist genauso umweltverträglich, wie in ihm zubereitete Speisen magenfreundlich sind: voller Saft, Vitamine und Mineralien. Dank schonender Temperaturen geht praktisch nichts an Aromastoffen verloren. Genießen Sie moderne Küche auf die leichte Art.

Ob "Hausmannskost", leckere Gerichte der mediterranen Küche oder Spezialitäten aus asiatischen Ländern; ob große oder kleine Braten, Suppen oder Aufläufe, Fisch oder Gemüse: Für jede Gelegenheit finden Sie den passenden RÖMERTOPF und unterschiedliche Dekore nach Wahl.

Das patente Dunstgaren im RÖMERTOPF spart überflüssiges Fett. Spielend einfache Handhabung garantiert Ihnen stets beste Kochergebnisse und schenkt Ihnen kostbare Freizeit. Zutaten vorbereiten, in den Topf geben, und ab geht´s in den Backofen. Leichter kann Kochen nicht sein!

Laden Sie Freunde und Bekannte ein, und gönnen Sie ihnen das ganz besondere Erlebnis, Gaumenfreuden aus Küchen rund um die Welt zu genießen – so voller Geschmack, wie Sie es kaum kennen.
Ob Ossobuco, gefüllte Auberginen, Polenta oder chinesischer Schmorfisch: Ihrer Kreativität sind keine Grenzen gesetzt, und mit unseren Rezeptvorschlägen helfen wir beim guten Gelingen.

DAS ORIGINAL
... und nicht weniger

RÖMERTOPF

INTERNATIONAL IN DEN BESTEN KÜCHEN DER WELT

Geschichte neu belebt

Der RÖMERTOPF belebt alte Kochkunst neu und hat zugleich "junge" Vorzüge. Schon die alten Römer, die ersten Gourmets europäischer Kultur, schmorten vor mehr als zwei Jahrtausenden Gerichte unübertrefflich köstlich im eigenen Saft. Und auch in der Küche des vielzitierten, berühmten Lukullus dünstete, briet und schmorte es in Tonformen.
Er erkannte die Vorteile der Methode unserer Vorfahren, Jäger in grauer Vorzeit. Sie garten ihre Beute schon damals im Tonmantel in heißer Asche oder auf offenem Feuer ganz ohne Aromaverlust. Und aus dem Ton schmeckt es heute wie damals, einfach super!

Praktischer Helfer

Die praktischen Vorteile des Original RÖMERTOPF liegen auf der Hand: Gerichte benötigen ein Minimum an Flüssigkeit. Oft genügt die in den Zutaten enthaltene Feuchtigkeit schon fürs Garen. Saft und Aroma, alle Nährstoffe und Vitamine bleiben erhalten. Nichts wird mit dem überschüssigen Sud weggegossen. Der Eigengeschmack jeden Gerichts ist ebenso kräftig und arteigen wie sein Duft. Im RÖMERTOPF läßt sich zudem Fett sparen. Das entspricht ganz den Forderungen moderner Diätetik.
Wem darüber hinaus Magen, Leber, Darm oder Galle Sorgen bereiten, wer schlank werden oder bleiben will, der kann kalorienarm und doch köstlich garen.

Garzeit ist Freizeit

Die Garzeit ist Freizeit. Ist der Topf in der Röhre, muß er nicht beaufsichtigt werden. Denn Anbrennen und Überkochen sind Fremdworte in der RÖMERTOPF-Küche. Weil während des Garens nichts spritzen oder verdunsten kann, bleibt außerdem der Backofen sauber! Wir haben deshalb trotz relativ langer Garzeiten vielen Rezepten das Prädikat "Schnell" verliehen.

Und: ein Überschreiten der empfohlenen Garzeiten kann kaum gefährlich werden. Stellen Sie einfach die Temperatur auf nur 150 bis 180 Grad, und sorgen Sie für genügend Flüssigkeit im Topf, dann kommt es auf eine Stunde mehr nicht an. Die Tonform ist übrigens tischfein. Dank natürlichem Material kann man Speisen direkt aus dem Ofen auf den

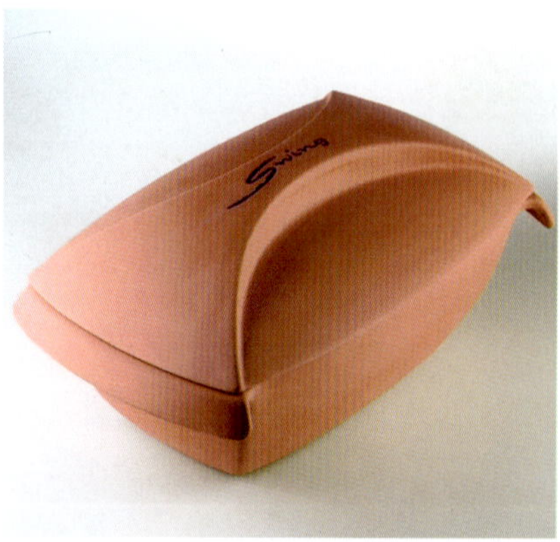

Eßtisch bringen. Das spart Zeit und Aufwand.

Perfekte Technik

Der schlicht aussehende, wohldurchdachte RÖMERTOPF bietet perfekte Technik und erleichtert die Kocharbeit. Das Original hat in den Boden eingearbeitete Bratstege; sie bewirken, daß ohne Flüssigkeit Gegartes wirklich nur von heißer Luft umflossen wird. Doch noch mehr seiner Vorzüge wird man im Laufe des "Zusammenlebens" schätzen lernen: Der breite Boden garantiert beim Arbeiten festen Stand und beugt schlimmen Verbrühungen vor. Topf und Deckel sitzen mit breitem Rand aufeinander und halten fest zusammen, der Deckel kann nicht kippen. Der zwei bis vier Millimeter breite Spalt zwischen Unter- und Oberteil ist kein Fehler, sondern reguliert den

Druck im geschlossenen Topf und läßt überschüssigen Dampf abziehen. Praktisch sind auch die integrierten Griffe. Hier läßt sich der Topf sicher halten und bequem öffnen.
Noch ein Vorteil des Original RÖMERTOPF-Systems: Sie können zwischen verschiedenen Größen und Formen wählen.

MODERNE KÜCHE
LEICHT UND GESUND GENIESSEN.

Der Original RÖMERTOPF funktioniert ganz einfach: Feine Poren im porösen Ton nehmen beim Anfeuchten genügend Wasser auf; es erzeugt beim langsamen Erwärmen eine milde Dunstschicht - sowohl in der Röhre, also um die Form, als auch im Inneren des RÖMERTOPF.
Gargut trocknet nicht aus und erhält doch die Kruste, die Köche sich wünschen.
Braten werden vollkommen - innen saftig, außen knusprig.
Eintöpfe und Aufläufe lassen das Aroma aller Zutaten zum idealen Akkord verschmelzen. Suppen köcheln langsam vor sich hin, ohne zu verkrusten.

LEICHTE HANDHABUNG

Ihr Original RÖMERTOPF wird Ihnen jahrelang Gaumenfreude bereiten, wenn Sie ihn richtig behandeln. Das ist nicht schwierig nach folgenden Faustregeln:

- Der RÖMERTOPF muß vor jedem Benutzen gewässert werden; haben Sie wenig Zeit, genügt es schon, den Deckel ca. 30 Sekunden unter fließendes Wasser zu halten.
Die Poren nehmen in dieser Zeit ausreichend Wasser auf. Besser ist, ihn eine Viertelstunde komplett in ein Becken mit Wasser zu legen.
- Vor der ersten Benutzung will Ihr Topf sogar reichlich "baden". Bürsten Sie ihn anschließend gut aus, damit sich aller von der Fabrikation noch anhaftender Tonstaub löst.
- Gereinigt wird der Topf mit heißem Wasser, einigen Tropfen mildem Spülmittel und einer Bürste.
Nach rund 100maliger Benutzung sollten Sie ihn eine halbe Stunde lang in Wasser auskochen. Die Poren sind dann wieder völlig frei und atmungsaktiv, speichern Wasser wie am ersten Tag.
- Wird der Topf nicht benutzt, legen Sie beide Hälften ineinander und stellen ihn an einen luftigen Platz. Auch bei sorgfältigster Pflege wird sich der Küchenhelfer verfärben bzw. nachdunkeln. Das ist kein Nachteil, sondern beweist, daß er aus natürlichem Material lebt.

DER ORIGINAL RÖMERTOPF DARF NUR IM BACKOFEN VERWENDET WERDEN. BITTE SETZEN SIE IHN NIEMALS AUF EINE HEISSE HERDPLATTE ODER OFFENES FEUER.
UND: ER WIRD IMMER IN DEN KALTEN BACKOFEN GESCHOBEN. DANACH ERST AUFHEIZEN.

- Geben Sie niemals kalte Flüssigkeit während des Garens zu. Der Topf könnte reißen. Gießen Sie nur angewärmte Flüssigkeit zu.
- Stellen Sie die heiße Form aus dem Backofen am besten auf einen Untersatz oder auf ein gefaltetes Handtuch, damit sie auf einer kalten Unterlage nicht zu plötzlich abkühlt und zerspringt.

ALLER ANFANG IST LEICHT

Wenn Sie mit dem RÖMERTOPF arbeiten, prüfen Sie zu Beginn, ob die Gerichte in der empfohlenen Zeit gar werden. Die Temperaturen variieren bei den einzelnen Herden oft beachtlich.

Abweichungen werden Sie bald kennen. Und passieren wird nichts, weil der RÖMERTOPF auch Zeitüberziehungen nicht übelnimmt. Ein Verändern der Garzeit beeinflußt natürlich die Krustenbildung. Gedünstetes, wie es beispielsweise für Magen- und Darmempfindliche empfohlen wird, erfordert weniger Zeit als kross Gebratenes.
Auch wenn keine Flüssigkeit entweicht, sollten Sie bei längeren Zeiten doch nachsehen, ob etwas warme Flüssigkeit zugegossen werden muß. Das gilt besonders bei magerem Fleisch, weil dieses eher austrocknet.

Der RÖMERTOPF muß vor jedem Benutzen gewässert werden.

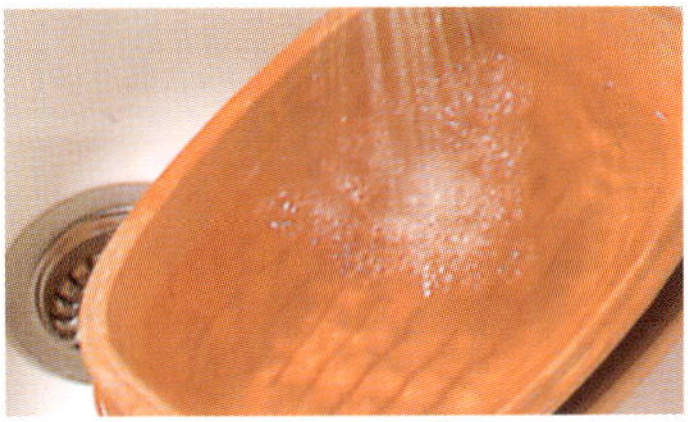

Vor der ersten Benutzung will Ihr Topf sogar reichlich "baden". Bürsten Sie ihn anschließend gut aus.

Wird der Topf nicht benutzt, legen Sie beide Hälften ineinander und stellen ihn an einen luftigen Platz.

Der RÖMERTOPF wird immer in den kalten Backofen geschoben. Danach erst aufheizen

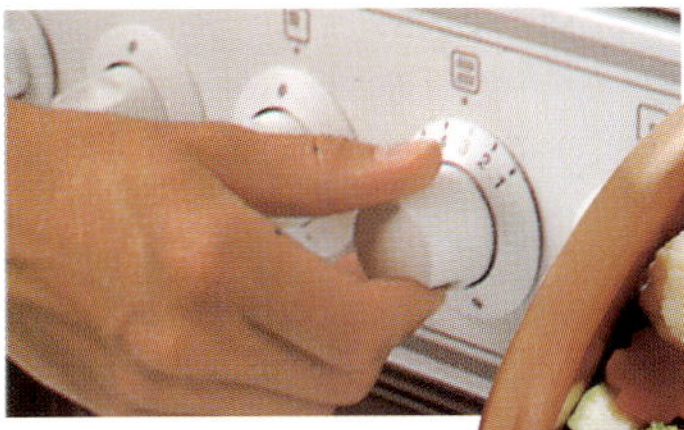

HEIZEN SIE RICHTIG EIN!

Zwischen 190 und 250 Grad Celsius liegen die idealen Temperaturen für das Garen im RÖMERTOPF. Gerichte mit sehr langer Garzeit wollen niedrigere Hitze als solche, die relativ schnell fertig sind.
Beim Elektroherd wird zu Beginn die erforderliche Temperatur eingestellt. Das Thermostat sorgt für langsames und schonendes Anheizen. Wählen Sie wie beim normalen Backen die Einstellung mit gleichstarker Ober- und Unterhitze.
Beim Gasherd, der gleich die volle Hitze ausstrahlt, beginnt man mit Stufe 3 (ca 190 Grad) und stellt bis zur erforderlichen Temperatur im Abstand von je 5 Minuten um eine Stufe höher.
Wenn Sie neue Gerichte im RÖMERTOPF ausprobieren, halten Sie sich am besten an einen Mittelwert von 220 Grad (Gas Stufe 4) und suchen ein vergleichbares Rezept in diesem Buch.

KULINARISCHE FERNREISE

Reisen Sie mit uns kulinarisch in die Ferne! Wir speisen mit Ihnen in Asien, kehren dabei natürlich auch in Indien und Indonesien ein, träumen bei karibischen Spezialitäten und genießen die meist sehr würzig-scharfen Köstlichkeiten aus Lateinamerika. Die Zutaten beschränken sich auf das, was Sie in jedem besseren Supermarkt finden. Die Rezept-Auswahl verzichtet auf allzu Exotisches und wird der ganzen Familie munden. Eine Besonderheit ist allen Gerichten eigen: Sie werden sehr fettarm zubereitet und interessant gewürzt.

Und damit Sie immer wissen wo wir gerade neue Köstlichkeiten für Sie entdecken, zeigt Ihnen dieses Bildzeichen die neue Region an. Von Nord-Zentral-Europa angefangen führt unser Weg entlang dem Mittelmeer und von da aus in ferne Länder.

VIEL SPASS BEIM PROBIEREN

Das gilt für alle Vorschläge im Buch. Sie sind, wenn es nicht die Vielzahl der Zutaten oder besonders lange Garzeiten anders empfehlen, auf den durchschnittlichen Appetit von vier Personen berechnet. Garzeiten und Nährwerte geben einen schnellen Überblick. Letztere sind Durchschnitts-Angaben für das angegebene Gericht und seine Zutaten ohne Beilagen; denn sowohl Fettgehalt von Fleisch und anderem variieren wie auch das Gewicht von Früchten, Gemüse usw. Und ein Eßlöffel faßt zwar im Durchschnitt 15 g, kann aber je nach Größe und Füllung nur 12 oder 20 g bringen.

Bei vielen der Rezepte finden Sie die folgenden Symbole:

 - will Ihnen auf den ersten Blick sagen, daß dieses Rezept Ihren Geldbeutel schont.

 - weist auf ein Gericht hin, das zeitsparend vorzubereiten ist.

 - auch die Garzeiten sind dem modernen Geschmack angepasst, z.B. Gemüse und Fisch bleiben knackig.

Wenn Sie gewisse Gerichte sehr weich mögen, bitte die Garzeiten nach individuellen Wünschen verlängern.

Nach all der - leider nötigen - Theorie viel Spaß in der Praxis am Herd. Freude beim Kochen, gutes Gelingen und runden Genuß bei Tisch wünscht Ihnen

Ihre RÖMERTOPF-Redaktion

INHALT

mittel- und nordeuropäische Küche

Mittelmeer Küche

exotische Küche

RIND

schnelle Zubereitung — Garzeit/Minuten — preiswertes Gericht

mittel- und nordeuropäische Küche

Mittelmeer Küche

exotische Küche

schnelle Zubereitung — Garzeit/ Minuten — preiswertes Gericht

mittel- und nordeuropäische Küche

Mittelmeer Küche

exotische Küche

Wildschwein, mariniert		120		67
Kaninchenbraten, gute alte Art		90	•	67
Hasenbraten	•	90		67
Hasenbraten, pikant		90		68
Wild-Schaschlik		90		68
Rebhühner, gebraten		75		68
Fasan		90		68
Hirschbraten, süß-sauer (Osteuropa)		90		68
Hirschbraten mit Garnitur (Skandinavien)		90		68
Hirsch-Rouladen (Ungarn)		90		69
Wild-Paprika (Ungarn)		90		69
Wildschweinbraten Wilderer-Art (Norddeutschland)		90		69
Wildschwein, raffiniert (Schweiz)		90		69
Kaninchen in Bier (Deutschland)		150	•	69
Kaninchen, fruchtig (Belgien)		150		70
Kaninchen unter Käsehaube (Holland)		150		70
Rebhuhn, gefüllt (Rußland)		75		70
Reh in Senfbutter (Frankreich)	•	90		70
Reh auf Linsen (Spanien)		120		71
Rehrücken "Gourmet" (Frankreich)		120		71
Hasenragout in Wein (Italien)		120		71
Hase im Roten (Italien)		120		72
Hase mit Rosinen (Spanien)		120		72
Hase mit Walnuß-Soße (Griechenland)	•	120	•	72
Kaninchen Marengo (Italien)		90	•	72
Kaninchen mit Trauben (Griechenland)		120	•	72
Rebhuhn auf Kohl (Frankreich)		60		72
Rebhuhn in Weißwein (Italien)		75		73
Rebhuhn Jägerart (Spanien)		75		73
Rebhuhn, in Sherry mariniert (Spanien)		60		73

schnelle Zubereitung

Garzeit/ Minuten

preiswertes Gericht

GEFLÜGEL

mittel- und nordeuropäische Küche

Mittelmeer Küche

exotische Küche

	schnelle Zubereitung	Garzeit/Minuten	preiswertes Gericht	
Ente auf Obst-Sauerkraut (Elsaß)		120		82
Tauben-Topf (Böhmen)		60		83
Tauben, pikant gebraten (Skandinavien)		60		83
Huhn, gefüllt (Spanien)		90	•	83
Gefülltes Huhn Gourmet-Art (Frankreich)		90	•	84
Gefülltes Huhn (Griechenland)		90	•	84
Gekochtes Huhn (Italien)		60		84
Gekochtes Huhn in Walnuß-Soße (Türkei)		60		84
Gekochtes Huhn mit Oliven (Nordafrika)		60	•	84
Brathähnchen auf Gemüse-Reis (Kroatien)		75		84
Huhn auf Gemüse (Libanon)	•	75	•	85
Huhn auf Paprika (Griechenland)	•	75	•	85
Huhn auf gemischtem Gemüse (Türkei)	•	75	•	85
Huhn mit Käsehaube (Türkei)	•	75	•	85
Weißweinhuhn mit Estragon (Frankreich)	•	60	•	85
Burgunder-Huhn (Frankreich)	•	90	•	86
Huhn in Zitrone (Griechenland)	•	90	•	86
Huhn auf Feigen (Syrien)	•	75	•	86
Huhn mit Mandeln (Türkei)	•	90	•	86
Huhn in Thunfischsoße (Italien)	•	90	•	86
Huhn mit Paprika (Spanien)	•	90	•	86
Tomaten-Huhn (Griechenland)	•	90	•	87
Pute mit Kastanienfüllung (Frankreich)		150		87
Pute Caballero-Art (Spanien)	•	150	•	87
Pute mit Pilzen (Spanien)	•	150		87
Ente Nizza (Frankreich)	•	120		87
Ente, mariniert süß-sauer (Italien)	•	120		87
Ente mit Kirschen (Frankreich)	•	120		87
Ente mit Tomaten (Italien)	•	120		88
Gans mit Kastanienfüllung		180		88
Gans mit raffinierter Füllung		180		88

schnelle Zubereitung — Garzeit/Minuten — preiswertes Gericht

SCHWEIN
RIND
KALB
LAMM
WILD
GEFLÜGEL
VARIATIONEN
FISCH
GEMÜSE
BEILAGEN
SUPPEN
AUFLÄUFE

mittel- und nordeuropäische Küche

Mittelmeer Küche

exotische Küche

FISCH

schnelle Zubereitung — Garzeit/ Minuten — preiswertes Gericht

mittel- und nordeuropäische Küche — Mittelmeer Küche — exotische Küche

schnelle Zubereitung — Garzeit/Minuten — preiswertes Gericht

mittel- und nordeuropäische Küche

Mittelmeer Küche

exotische Küche

schnelle Zubereitung — Garzeit/Minuten — preiswertes Gericht

mittel- und nordeuropäische Küche

Mittelmeer Küche

exotische Küche

KLASSISCHES UND DELIKATES VOM SCHWEIN.

Auch wenn es das Auge nicht sieht: Schweinefleisch ist immer leicht von Fett durchzogen. Deshalb läßt es sich ideal ohne Fett und mit sehr wenig Flüssigkeit braten; im Römertopf grillt es sogar im eigenen Saft, ohne auszutrocknen - und das ganz ohne Aufsicht. So durch und durch saftig und weich haben Sie Schweinefleisch selten genossen.

Schweinebraten

750 g Bratenfleisch (am besten von Schlegel, Hals oder Rippe), Salz, frischgemahlener Pfeffer, 1 Zwiebel, 2 Tomaten, 1 EL Semmelbrösel, Instant-Brühe, Mehl zum Binden.

Garzeit rund 2 Stunden

Nährwert bei magerem Fleisch ca. 525 kcal = 2198 kJ

Fleisch waschen und trockentupfen; rundum mit Salz und Pfeffer einreiben; in den gewässerten RÖMERTOPF legen und den Topf schließen. Nach 1 Stunde evtl. etwas heißes Wasser angießen. Zwiebelwürfel und Tomatenviertel dazugeben, mit den Semmelbröseln bestreuen. Den Bratensaft mit wenig heißer Brühe ablöschen, durch ein Sieb gießen, abschmecken. Evtl. mit etwas angerührtem Mehl binden.

Dazu passen Kartoffeln oder Knödel Ihrer Wahl.

Schweinebraten mit Gemüsesoße

1 Bund zerkleinertes Suppengemüse, 1-2 Knoblauchzehen und 2 vorbereitete, geschnittene Möhren mitgaren.
Mit einer Tasse Brühe aufgießen.

Senfbraten

Fleisch vor dem Garen von allen Seiten dick mit Senf bestreichen; alle Arten eignen sich dafür. Raffiniert ist eine Mischung aus 1/2 normalem, 1/4 Düsseldorfer und 1/4 Münchner Weißwurst-Senf.

Marinierter Schweinebraten

Fleisch 48 Stunden vor dem Garen in Sauerbraten-Marinade (s. Seite 37) einlegen. Statt Flüssigkeit für die Soße die Marinade verwenden.

Schweinebraten in fruchtiger Soße

Schweinebraten mit Salz und buntem Pfeffer bestreuen. In den gewässerten RÖMERTOPF geben. Eine unbehandelte Apfelsine heiß abwaschen, die Schale fein abreiben. Mit dem ausgepreßten Saft und dem zerpflückten Fruchtfleisch einer weiteren Orange in die fertige Soße mischen, mit Salz und eingelegten grünen Pfefferkörnern abschmecken. Beilage: neue Kartoffeln mit Petersilie bestreut, in Butter leicht angeröstet.

Schweinebraten in Sahnesoße

Nährwert ca.585 kcal = 2448 kJ

Schweinebraten nach Grundrezept zubereiten, Bratensaft mit 200 g saurer Sahne verrühren, mit viel feingehackter Petersilie verfeinern. Weinbrand und grobgemahlener Pfeffer geben Rasse.

Spanferkel

1.000 g Spanferkelfleisch mit Knochen, Salz, frischgemahlener Pfeffer, 1 Schwarte von Räucherspeck, 1 Zwiebel, 4 EL kräftige Würfelbrühe, 1/8 l Bier, 1/8 l Milch.

Garzeit ca. 2 Stunden
Nährwert ca. 550 kcal = 2300 kJ

Fleisch gut abwaschen, trockentupfen; kräftig mit Salz und Pfeffer einreiben. Mit Speckschwarte und enthäuteter, gehackter Zwiebel in den gewässerten RÖMERTOPF geben. Mit Brühe abgießen, den Topf schließen.
In der letzten halben Stunde den Topf offenlassen, im Abstand von 5 Minuten jeweils abwechselnd mit Bier und Milch beträufeln. Die übrige Flüssigkeit erwärmen, dazugeben, 5 Minuten mitgaren. Abschmecken.
TIP: Die knusprige Kruste bricht beim Schneiden leicht; deshalb am besten mit der Schere zerteilen.

Zu Spanferkel reichen Sie Kartoffeln.

Schweinebraten mit knuspriger Kruste

(Süddeutschland, Österreich)

750 g Schweinebraten mit Schwarte,
Salz, frischgemahlener Pfeffer,
1 EL Semmelbrösel, 1/2 TL Kümmel,
1 Zwiebel, 2 Tomaten, Instantbrühe,
Mehl zum Binden.
Garzeit ca. 2 Stunden
Nährwert bei magerem Fleisch ca. 550 kcal = 2300 kJ

Fleisch unter fließend kaltem Wasser abbrausen, trockentupfen. Rundum mit Salz und Pfeffer einreiben. Die Schwarte karoförmig einschneiden.
TIP: Sie brauchen ein sehr scharfes Messer. Manchem fällt das Einschneiden mit der Küchenschere leichter.
Fleisch mit Zwiebeln und Tomaten in den gewässerten RÖMERTOPF legen, die Schwarte mit Semmelbröseln und Kümmel bestreuen; Topf schließen.
Evtl. in der Mitte der Garzeit wenig heißes Wasser angießen. Den Bratensaft mit etwas Wasser loskochen, durch ein Sieb streichen oder mit dem Handmixstab pürieren. Abschmecken.
Nach Belieben mit Brühe verlängern und mit angerührtem Mehl binden.
Ideale Beilagen sind Kartoffelknödel und Salate.

Schweinehaxe, gebraten

(Süddeutschland, Österreich)

1 Schweinehaxe von 1.000 g, Salz,
Kümmel (gemahlen), 2 Möhren,
2 Zwiebeln, 2 EL Weinessig, 1 Tasse
Würfelbrühe, 1 Pä Bratensoßenpulver,
2 EL feingehackte Petersilie.
Garzeit ca. 2 Stunden
Nährwert ca. 300 kcal = 1256 kJ

Haxe waschen, trockentupfen, salzen und mit Kümmel einreiben, in den gewässerten RÖMERTOPF legen.
Möhren und Zwiebeln vorbereiten, grob zerschneiden; dazugeben. Mit der mit dem Essig verrührten Brühe aufgießen; Topf schließen.
Abschließend den Sud mit dem angerührten Bratensoßenpulver und der Petersilie verfeinern.
Die Haxe im geöffneten Topf ca. 10 Minuten überbacken, damit sie die charakteristische knusprige Kruste erhält.

Zur Haxe passen Kartoffel- oder Semmelknödel mit Gemüse bzw. Sauerkraut.

Gewürz-Haxe, böhmisch

Das beim Grundrezept mitgeschmorte Gemüse mit einem zerdrückten Lorbeerblatt, 1 gepreßten Knoblauchzehe, Gewürznelkenpulver und 1 EL Tomatenmark würzen; mit Wein und etwas Zitronensaft aufgießen.

Beschwipste Haxe

Als Flüssigkeit 1/4 l trockenen Weißwein verwenden; mit Instant-Brühe würzen.

Kasseler Rippenspeer

(Deutschland)

750 g Kasseler Rippenspeer,
1 Bund Suppengemüse, 1 Tomate,
1 Zwiebel, etwas Bratensoßenpulver,
1 TL Senf, Pfeffer aus der Mühle.
Garzeit rund 2 Stunden
Nährwert ca. 400 kcal = 1674 kJ

Fleisch abbrausen und trockentupfen. In den gewässerten RÖMERTOPF legen; Deckel schließen; nach 60 Minuten mit 2 Tassen heißem Wasser begießen, das zerkleinerte Suppengemüse, die geviertelte Tomate und Zwiebelwürfel dazugeben; in weiteren 45 Minuten weichschmoren; noch 15 Minuten im offenen Topf bei 220 bis 250 Grad überkrusten. Die Soße mit dem angerührten Soßenpulver binden, mit Senf und Pfeffer aus der Mühle würzen.
TIP: Wenn Sie das Fleisch vor dem Überkrusten mit Zucker bestreuen, wird es noch krosser.

Zu Kasseler Rippenspeer passen Kartoffelpüree und Sauerkraut oder Kartoffeln mit Salat.

Rippenspeer Försterin

Geben Sie beliebige Pilze dazu: getrocknete Waldpilze sind ideal. 1 Tasse Wasser durch Rotwein ersetzen, einige zerdrückte Wacholderbeeren mitgaren.

Gegrillter Rippenspeer

Vorbereitetes Fleisch ohne weitere Beigaben im RÖMERTOPF ca. 90 Minuten bei 220° im eigenen Saft garen.

Rippenspeer Jägerart, böhmisch

Geben Sie beliebige Pilze dazu; getrocknete Waldpilze sind ideal. 1 Tasse Wasser durch Rotwein ersetzen, einige zerdrückte Wacholderbeeren mitgaren. Die Soße mit saurer Sahne verfeinern.

Gefüllte Schweinerippe

(Skandinavien, Norddeutschland)

1.200 g dicke Rippe - beim Einkauf am besten Knochen gleich einhacken und darüber eine Tasche einschneiden lassen -,
100 g Dörrobst, 1-2 säuerliche Äpfel,
2 EL Rosinen, 1 EL Mandelsplitter, Salz,
frischgemahlener Pfeffer.
Garzeit 1,5 bis 2 Stunden
Dörrobst 12 Stunden vorher einweichen
Nährwert ca. 500 kcal = 2093 kJ

Dörrobst ca. 12 Stunden einweichen; abtropfen lassen. Apfel schälen, vom Kerngehäuse befreien, schnitzeln. Dörrobst und Apfelstücke mit den Rosinen und Mandeln mischen. Fleisch innen und außen waschen, trockentupfen und mit Salz und Pfeffer einreiben; mit der Fruchtmischung füllen. Die gefüllte Tasche mit weißem Baumwollgarn zunähen oder mit Spießchen zustecken. In den gewässerten RÖMERTOPF legen, Topf schließen.

Dazu passen Kartoffeln oder Klöße gekochter Kartoffeln und Salat.

Gefüllte Schweinebrust, holländisch

Fleischtasche mit einer Mischung aus Gouda, eingeweichtem und ausgedrücktem Brötchen, gehackter Petersilie, Eidotter, Rosinen, Salz, Pfeffer, Paprika und gehackter Petersilie füllen.

Schweinegulasch
(Österreich)

600 g Schweinegulasch, 30 g Schweineschmalz, 300 g Zwiebeln, 1 Knoblauchzehe, 1 EL Mehl, 1 EL Paprika edelsüß, 1/4 l kräftige Würfelbrühe, 1/8 l saure Sahne, Salz, 1 EL gehackte Petersilie.

Garzeit gut 1 Stunde

Nährwert ca. 700 kcal = 2936 kJ

Fleisch waschen, trockentupfen, anhaftende Haut und Fett abschneiden; mit den enthäuteten, grobgeschnittenen Zwiebeln und dem gehackten Knoblauch in erhitztem Schmalz in der Pfanne anbraten. In den gewässerten RÖMERTOPF geben, mit Mehl und Paprika verrühren; mit Brühe und saurer Sahne aufgießen, leicht salzen, Petersilie untermischen, Topf schließen.

Zum Gulasch passen Nudeln oder Salzkartoffeln.

Schweinegulasch, ungarisch

100 g durchwachsenen Räucherspeck würfeln, in der Pfanne ausbraten, Fleisch darin anbräunen. Auf Schweineschmalz kann man dann verzichten. 3 Knoblauchzehen und 1 gewürfelte Senfgurke mitschmoren, die Soße mit Tomatenmark und Kümmel verändern.

Schinken, gegart
(Skandinavien), Abb. Seite 25

200 g Dörrobst, 800 g gekochter Schinken am Stück, 1 Lorbeerblatt, 1 TL Pfefferkörner, 2 EL Senf, 2 EL Semmelbrösel, 1 TL Zucker.

Garzeit ca. 75 Minuten

Dörrobst 12 Stunden einweichen

Nährwert ca. 500 kcal = 2092 kJ

Dörrobst ca. 12 Stunden einweichen. Den Schinken in den lt. Vorwort gewässerten RÖMERTOPF legen. Die Gewürze und das Dörrobst dazugeben, mit 1/2 l Wasser aufgießen; den Topf schließen. Den Schinken in der letzten 1/4 Stunde mit einer Paste aus Senf, Semmelbröseln und Zucker bestreichen.

Beilage: Brot

Schweinefleisch wird im sonnigen Mittelmeerraum nur sehr wenig - und immer nur in sehr mageren Stücken - verwendet. In der islamischen Küche wie in Nordafrika bzw. in der Türkei, kommt Schwein natürlich überhaupt nicht vor. Besonderheit unserer südlichen Rezepte: Gemüse (einmal auch Obst) ist immer dabei, Wein setzt oft Akzente. Hier nun ein paar köstliche Rezepte von Frankreich bis Dalmatien.

Gekräuterter Schweinerücken im Weinsud
(Italien)

Arista - "das Beste" - nannte Lorenzo von Medici, der glanzvolle Florentiner Renaissance-Herrscher, dieses Gericht. Bis heute begeistert es Italiener wie Touristen. Seine Besonderheit: das Fleisch siedet mindestens 3 Stunden lang bei kleiner Flamme im Kräuterwein. Der RÖMERTOPF macht´s ideal möglich!

800 g Schweinerücken (oder Rollbraten), je 2 EL frischer oder 1 1/2 TL getrockneter Salbei und Rosmarin, Salz, frischgemahlener weißer Pfeffer, 3 Knoblauchzehen, 1 Prise Muskatnuß, 2 EL Olivenöl, 2 Zwiebeln, 1/2 l kräftiger Rotwein (wie Chianti), 1 Staudensellerie, 2 EL gehackte Petersilie.

Garzeit mindestens 3 Stunden bei nur 180° Grad

Nährwert ca. 550 kcal = 2300 kJ

Fleisch waschen und trockentupfen. Alle Kräuter fein hacken, mit Salz, Pfeffer, einer gepreßten Knoblauchzehe, Muskat und Öl zur pikanten Paste mischen und damit das Fleisch rundum einreiben; in Folie wickeln, mindestens eine Stunde Aroma ziehen lassen.
Dann ohne Fett in der heißen Pfanne rundum anbraten, in den gewässerten RÖMERTOPF legen. Zwiebeln abziehen, fein hacken, mit dem Wein dazugeben. Mit Salz, Pfeffer, Selleriestücken und Petersilie weiter aromatisieren, den Topf schließen. Zum Schluß Fleisch aus dem Sud nehmen, 10 Minuten warm ruhen lassen. Inzwischen den Sud durchs Sieb in einen Topf umgießen, dicklich einkochen, nachwürzen.
TIP: Das Fleisch wird in sehr dünnen Scheiben serviert; am besten läßt es sich kalt mit der Brotmaschine schneiden. Deshalb möglichst entsprechend zeitig garen. Fleisch im Sud abkühlen lassen,

dann schneiden. Die Scheiben vorsichtig in der Soße wieder erwärmen.
Ihr RÖMERTOPF macht´s, ohne das Fleisch auszutrocknen!

Weißbrot und Fenchelgemüse sind typische Beilagen.

Gekräuterter Schweinerücken, gespickt

(Italien)

Fleisch vor dem Anbraten mit Streifen von Knoblauch, Rosmarinnadeln und ein paar Gewürznelken spicken.

Schweinebraten mit Mirabellen

(Frankreich)

800 g magere Schweineschulter, Salz, frischgemahlener Pfeffer, kleingeschnittener frischer oder zwischen den Fingern zerriebener getrockneter Thymian, 1 Knoblauchzehe, 1 Tasse Würfelbrühe, 500 g Mirabellen, 2 EL Zucker, 1 EL Weinessig, 2 EL Weinbrand, 400 g kleine Zwiebeln, 1 TL Speisestärke.
Garzeit ca. 2,5 Stunden
Nährwert ca.650 kcal = 2720 kJ

Fleisch waschen und trockentupfen; mit Salz, Pfeffer, Thymian und gepreßtem Knoblauch rundum einreiben, in den gewässerten RÖMERTOPF legen. Brühe dazugießen; Deckel auflegen. Inzwischen die Mirabellen in wenig Wasser weichkochen, anschließend abtropfen lassen und dabei den Fruchtsaft auffangen; bis auf einen TL den Zucker mit dem Fruchtsaft aufkochen; Flüssigkeit bis etwa zur Hälfte einkochen; diesen Sirup mit dem Essig und dem Weinbrand verrühren.
Nach 1 1/2 Stunden Garzeit das Fleisch mit den geschälten Zwiebeln umlegen, mit dem würzigen Obstsud begießen; dies noch zweimal nach je 20 Minuten wiederholen. Dann das Fleisch mit dem restlichen Zucker bestreuen, im offenen Topf garbraten. Zum Schluß Zwiebeln und Fleisch auf eine vorgewärmte Platte heben. Die Soße mit den Mirabellen vermischen, leicht mit angerührter Speisestärke binden, nachschmecken und dazu servieren.

Knackiges Weißbrot ist die geeignete Beilage.

Schweinebraten in Koriander-Wein
(Zypern)

Wie italienischen Schweinerücken im Weinsud bereiten, jedoch nur mit 1/4 l Wein; mindestens 4 geviertelte Knoblauchzehen und 1 TL Koriander mitschmoren.
In den letzten 30 Gar-Minuten die Flüssigkeit bei geöffnetem Topf weitgehend verdampfen lassen.

Schweinebraten nach Wildschwein-Art
(Frankreich)

Aus 1/4 l Rotwein, etwas Weinessig, Salz, Zwiebel und Knoblauch Marinade bereiten; mit Lorbeerblatt, etwas Koriander, Thymian, Salbei und frischer Minze südliches Flair geben. Wie Gekräuterter Schweinerücken im Weinsud (s. Seite 29), jedoch mit der Marinade statt mit Wein bereiten.
Die originale Beilage sind Eßkastanien.

Schweinefleisch mariniert mit Muscheln
(Spanien)

Aus 1/8 l trockenem Sherry, Salz, Pfeffer, Knoblauch und Lorbeerblatt die Marinade rühren und das Fleisch über Nacht einlegen. Anbraten, mit 3 Tomaten und Streifen von 12 Paprikaschoten schmoren. Der Clou ist ein Glas Muschelfleisch, das in die fertige Soße eingelegt wird.

Spanferkel mit Fenchel
(Italien)

1.000 g Spanferkelfleisch, Salz, frischgemahlener Pfeffer, 2 Knoblauchzehen, 2 Knollen Fenchel, 1/4 l trockener Weißwein.
Garzeit ca. 1,5 Stunden
Nährwert ca. 400 kcal = 1674 kJ

Fleisch waschen und trockentupfen; mit Salz, Pfeffer und gepreßtem Knoblauch einreiben, in den gewässerten RÖMERTOPF legen; vorbereiteten, geviertelten Fenchel dazugeben. Mit 1 Tasse Wein begießen, kräftig mit Pfeffer bepudern. Deckel auflegen. Das Gericht in den letzten 20 Minuten im offenen Topf überbraten, öfter mit Wein beträufeln.

Dazu passen Weißbrot, Salat und der Wein, den Sie zum Kochen verwenden.

Schweinefilet mit Schinken
(Italien)

500 g Schweinefilet, Salz, frischgemahlener Pfeffer, 250 g Tomaten, 250 g Champignons, 200 g magerer gekochter Schinken in Scheiben, 1 Knoblauchzehe, etwas Thymian, Rosmarin und Salbei, 1/8 l saure Sahne, 1 EL Sardellenbutter, 1 EL Tomatenketchup.
Garzeit ca. 1 Stunde
Nährwert ca. 400 kcal = 1674 kJ

Das gewaschene, trockengetupfte, von Hautresten befreite Fleisch in

Plättchen schneiden, salzen und pfeffern. Die Tomaten kurz in kochendes Wasser halten, enthäuten, in Scheiben schneiden. Die Champignons vorbereiten, vierteln. Den gewässerten RÖMERTOPF mit der Hälfte des Schinkens auslegen; darauf das Fleisch und die Tomaten-Pilz-Mischung füllen; mit dem restlichen Schinken bedecken. Übrige Zutaten verrühren und darübergießen.
Dazu schmecken frischer Salat und Rotwein. Gut passen auch Teigwaren, werden aber in Italien nicht gereicht.

Schweinefilet in Olivensoße

(Spanien)

600 g Schweinefilet, 3 EL Olivenöl, 1 Zwiebel, 4 Knoblauchzehen, 400 g Tomaten, 100 ml trockener Sherry, Salz, frischgemahlener Pfeffer, 100 g paprikagefüllte Oliven, 1 EL Rosinen, 1 EL gehackte Petersilie, 1 EL gemahlene Mandeln.

Garzeit ca. 45 Minuten

Nährwert ca.450 kcal = 1883 kJ

Fleisch waschen und trockentupfen, von Haut befreien und in dicke Scheiben schneiden. Im Öl in der Pfanne von beiden Seiten kurz anbraten, die geschälte, gewürfelte Zwiebel und den Knoblauch dazugeben, kurz mitschmoren. Tomaten kurz in kochendes, dann unter kaltes Wasser halten, enthäuten, in Scheiben schneiden und in den gewässerten RÖMERTOPF geben; mit 4 EL Sherry begießen, salzen, pfeffern; Fleisch darauflegen, den Topf schließen. Gegartes Fleisch herausheben und warmstellen. Die Tomaten verrühren, bis eine fast glatte Soße entsteht; in Scheiben geschnittene Oliven, Rosinen und den übrigen Sherry dazugeben, aufkochen. Mit Petersilie verfeinern, mit Mandeln binden, nachschmecken.

Reis ist die passende Beilage.

Schweinefilet mit Paprika

(Spanien)

Ca. 600 g Schweinefilet, Salz, frischgemahlener Pfeffer, je 1 große rote, grüne und gelbe Paprikaschote, 1/2 TL Zucker, 1 Prise Zimtpulver, 1/2 Tasse Rotwein, 2 EL Olivenöl, 1 Tomate, 2 Knoblauchzehen, 2 Zwiebeln.

Garzeit ca. 65 Minuten

Nährwert ca. 350 kcal = 1464 kJ

Das gewaschene, trockengetupfte Fleisch von Hautresten befreien, mit Salz und Pfeffer einreiben. Die Paprikaschoten waschen, vierteln und vom Stielansatz und dem Kerngehäuse befreien, in den gewässerten RÖMERTOPF legen; salzen, pfeffern, mit Zucker und Zimt bestreuen; mit Wein und 1 EL Öl begießen; Deckel auflegen. Tomate mit kochendem Wasser überbrühen, enthäuten, würfeln. Knoblauch und Zwiebeln abziehen, kleinschneiden und im Öl in der Pfanne anschmoren. Fleisch von allen Seiten mit anbräunen, zur Hälfte der Garzeit auf die Paprika legen; Tomatenstücke dazugeben. Das fertige Gemüse vorsichtig mit Salz und Pfeffer abschmecken, zum Fleisch reichen.

Dazu paßt Reis.

Schweine-Frikassee mit Sellerie

(Griechenland)

800 g Schweineschnitzel, 1 Zwiebel, 3 EL Öl, 1 EL Mehl, Salz, frischgemahlener Pfeffer, 1 Sellerieknolle mit Grün, 2 Eier, Saft von 1 Zitrone.

Garzeit ca. 1 Stunde

Nährwert ca.. 500 kcal = 2092 kJ

Fleisch waschen, trocknen, in Stücke schneiden. Die Zwiebel abziehen, hacken, im Öl anschmoren. Fleisch im Mehl wenden und unter Bewegen mit anbraten. Beides in den gewässerten

RÖMERTOPF geben, salzen, pfeffern. Sellerieknolle vom Grün befreien, in Streifen schneiden, zum Fleisch geben. Mit 1 Tasse Wasser begießen; Topf schließen.

Reis schmeckt als Beilage.

Koteletts mit Bohnen

(Griechenland)

4 kleine Schweinekoteletts, Salz,
frischgemahlener Pfeffer, 2 EL Olivenöl,
2 große Zwiebeln, 2 Knoblauchzehen,
500 g grüne Bohnen, 500 g Tomaten,
1/4 l Weißwein, 1 Prise Zimt, 1 Zitrone.
Garzeit ca. 1 Stunde
Nährwert ca. 500 kcal = 2092 kJ

Fleisch waschen, trockentupfen, mit Salz und Pfeffer würzen; in der Pfanne im Öl von beiden Seiten anbraten. Enthäutete Zwiebeln und Knoblauchzehen hacken, kurz mit anschmoren.
Bohnen vorbereiten, zerkleinern, in den gewässerten RÖMERTOPF geben; vom Stielansatz befreite Tomaten waschen, vierteln, dazulegen; mit 1 Tasse Weißwein begießen, mit Pfeffer, Salz, sowie Zimt bestreuen und mit Zitronensaft beträufeln. Das Fleisch mit Zwiebeln und Knoblauch daraufgeben.

Zu den Koteletts mit Bohnen paßt Reis.

Schweinelendchen mit Ananas

(Thailand)

600 g Schweinelende, 4 Knoblauchzehen,
Salz, viel Tabasco, etwas Koriander,
400 g Ananasfleisch, am besten frisch,
1 kleine Salatgurke, 3 EL Sojasoße,
2 EL Essig, 2 EL brauner Zucker oder
Honig, frischgemahlener Pfeffer.
Garzeit ca. 1,5 Stunden
Nährwert ca.. 300 kcal = 1255 kJ

Schweinelende in 4 Stücke teilen. Knoblauch pressen, mit Tabasco, Salz und Koriander zu einer würzigen Paste verrühren, das Fleisch dick damit einreiben.
In den gewässerten RÖMERTOPF legen, Topf schließen. Nach einer Stunde das grobgeschnittene Ananasfleisch und die geschälte, gewürfelte Gurke dazugeben. Im Abstand von 10 Minuten mit einer Mischung der übrigen Zutaten und 3 EL Wasser beträufeln.

Zu Lende mit Ananas schmeckt Reis sehr gut.

Schweinerippchen mit Ananas

(Thailand)

1.000 g Schweinerippchen, Salz,
frischgemahlener Pfeffer,
1 unbehandelte Zitrone, 2 EL Sesamöl,
2 EL Sojasoße, 1 EL Essig, 2 TL Honig,
1 kleine Dose Ananasstücke,
Tabasco, 1 kleine Prise Ingwer.
Garzeit ca. 1 Stunde
Nährwert ca. 350 kcal = 1465 kJ

Rippchen gut waschen und trockentupfen. Salz, Pfeffer, etwas abgeriebene Zitronenschale und das Öl verrühren; Rippchen damit beträufeln, durchziehen lassen, dann in der Pfanne anbraten. In den gewässerten RÖMERTOPF geben;
Zitronensaft und restliche Zutaten mischen, dazugeben; mit 1 Tasse Wasser aufgießen, Deckel auflegen. In den letzten 15 Minuten den Topf öffnen.

Zu Rippchen mit Ananas paßt Reis.

MEINE EIGENEN RÖMERTOPF-REZEPTE:

ZUTATEN:

ZUBEREITUNG:

ZUTATEN:

ZUBEREITUNG:

ZUTATEN:

ZUBEREITUNG:

EVERGREENS UND SPEZIALITÄTEN VOM RIND.

Der Wiener Tafelspitz als Beispiel beweist: Rindfleisch wird nur wirklich gut, wenn es lange köchelt. Hier geht nichts auf die Schnelle, machen zeitsparende Garmethoden trocken und faserig. Im RÖMERTOPF - bei stundenlang gleichbleibender Hitze - dagegen gelingt Rind zur echten Gaumenfreude. Bei dem sehr fettarmen Fleisch muß immer etwas Flüssigkeit mit in den RÖMERTOPF gegeben werden; allerdings kann es viel weniger sein, als beim Garen auf dem Herd - weil hier nichts verdunstet. Nach rund einer Stunde Garzeit wird bei Bedarf Flüssigkeit nachgegossen, weil Rindfleisch sonst austrocknet. Bitte nur vorgewärmte Flüssigkeit in den heißen Topf gießen, sonst kann er zerspringen!

TIP: Garantiert mürben Rinderbraten bekommen Sie, wenn Sie das Fleisch in ein enges Gefäß legen (ideal ist meist ein kleiner RÖMERTOPF) und mit gutem Öl übergießen. Drei Tage stehenlassen, dann das Fleisch auf einem Sieb abtropfen lassen. Das abgetropfte Öl kann auch später noch zum Braten von Fleisch verwendet werden.
Rindfleisch wird am besten in der Pfanne - sehr heiß und von allen Seiten angebraten. Nur so schließen sich die Poren; köstlicher Saft bleibt im Fleisch und kann nicht auslaufen. Für das weitere Garen nach Rezept ist Ihr RÖMERTOPF der richtige Küchenhelfer. Im übrigen gilt besonders für Rindfleisch der Grundsatz, daß die Garzeit auch noch etwas verlängert werden kann. Auf jeden Fall aber muß hier immer ausreichend Flüssigkeit im Topf sein.

Geschnetzeltes Rindfleisch

600 g Rouladenfleisch, Salz, frischgemahlener Pfeffer, 1 Zwiebel, 1 EL Butter, 1 Tasse Würfelbrühe, 1 Tasse Rotwein, 1 TL Senf, 1 EL Zitronensaft, 300 g frische oder ca. 250 g Dosen-Champignons, 50 g saure Sahne, 1 EL feingehackte Petersilie.
Garzeit ca. 1 Stunde
Nährwert ca. 400 kcal = 1674 kJ

Fleisch in feine Streifchen schneiden, salzen und pfeffern. Die Zwiebel enthäuten und würfeln, mit dem Fleisch in der Pfanne kurz in der heißen Butter anbraten; in den gewässerten RÖMERTOPF geben. Brühe mit Wein, Senf, Zitronensaft, Salz und Pfeffer verrühren, darübergießen; Topf schließen. Nach rund 30 Minuten die vorbereiteten Pilze unterheben. Das Geschnetzelte mit Salz und Pfeffer abschmecken, mit der sauren Sahne leicht binden, mit Petersilie verfeinern.

Zu Geschnetzeltem schmecken Salzkartoffeln und Blumenkohl.

Pikantes Geschnetzeltes

Kleingeschnittene Gewürzgurke und eingelegte Pfefferkörner unter das fertige Gericht heben. Soße mit Flüssigkeit aus der Gurkenkonserve abschmecken.

Sonntags-Geschnetzeltes

Statt Rouladen-Fleisch, 500 g Rinderlende verwenden. Die Hälfte des Rotweins durch Sahne ersetzen.
Wenn keine Kinder mitessen, fertiges Gericht mit Weinbrand abschmecken.

Rinder-Schmorbraten

750 g Rinderbraten, 1 Tasse Öl, Salz, frischgemahlener Pfeffer, etwas Zitronensaft, 1 Bund Suppengemüse, 1 Zwiebel, 1-2 Tomaten, 1/2 Tasse Rotwein, 1-2 Tassen Würfelbrühe, 1 EL feingehackte Petersilie.
Garzeit ca. 2,5 Stunden
Nährwert ca. 400 kcal = 1674 kJ

Fleisch in Öl einlegen, wie wir es Ihnen beim mürben Rinderbraten zu Beginn dieser Seite empfehlen.
In der Pfanne im noch anhaftenden Öl von allen Seiten kurz anbraten; in den gewässerten RÖMERTOPF legen, mit

Salz und Pfeffer bestreuen und mit Zitronensaft beträufeln. Suppengemüse, Zwiebel und Tomaten vorbereiten, grob zerschneiden, dazugeben; mit Wein und 1/2 Tasse Brühe angießen; Topf schließen. Nach der Hälfte der Garzeit die restliche Brühe dazugießen. Wenn das Fleisch mürbe ist, die Soße durch ein Sieb passieren, evtl. noch mit Wein, Wasser oder saurer Sahne aufgießen, nachschmecken, mit der Petersilie verfeinern.

Zu Schmorbraten passen Reis, Kartoffeln, Teigwaren oder Knödel gleichermaßen, sowie Salat.

Spickbraten

Fleisch vor dem Braten mit Streifen von fettem Räucherspeck spicken; das macht es besonders saftig. Wenn Sie den Speck vor dem Servieren entfernen, muß die Nährwertangabe nicht korrigiert werden.

Tellerfleisch vom Rind

Hier kommt es auf die Brühe an, Sie dürfen also die vereinfachte Garform wählen!

750 g nicht zu mageres Rindfleisch, 1/2 l Würfelbrühe, 1 Markknochen, 1 Bund Suppengemüse, 1 EL feingehackte Petersilie.

Garzeit ca. 3 Stunden

Nährwert je nach Fettgehalt des Fleisches

Fleisch, Brühe, den Markknochen und das vorbereitete, zerkleinerte Suppengemüse in den gewässerten RÖMERTOPF geben; Deckel schließen. Gares Fleisch aus der Brühe nehmen, in Scheiben schneiden und auf die Teller verteilen; Brühe durchsieben, daraufgießen, mit Petersilie bestreuen; Knochenmark herausdrücken, würfeln, dazugeben.

Herzhaftes dunkles Brot rundet die Mahlzeit ab.

Tellerfleisch mit feinem Gemüse

In der letzten halben Stunde Blumenkohl- oder Brokkoli-Röschen, Erbsen, Möhrenscheiben und/oder Spargelstücke mitgaren.

Sauerbraten

750 g Rinderbraten, 1/8 l Weinessig, 1/2 l Buttermilch, Salz, einige Pfefferkörner, 1 Lorbeerblatt, etwas Schale von unbehandelter Zitrone, 1 Zwiebel, 1 Knoblauchzehe, 1 EL Streifen von fettem Speck, 1 Bund Suppengemüse, 2 EL Kuchen- oder Plätzchen-Brösel, 2 Gewürzgurken.

Garzeit 2,5 bis 3 Stunden

Fleisch 3 Tage einlegen

Nährwert ca. 500 kcal = 2093 kJ

Das gewaschene, trockengetupfte Fleisch in den gewässerten RÖMERTOPF legen; aus Essig und Buttermilch sowie den Gewürzen eine kräftige Marinade rühren, darübergießen; gewürfelte Zwiebel und Knoblauch dazugeben. Im bedeckten Topf zirka 3 Tage ziehen lassen, dabei zwei- bis dreimal wenden. Fleisch mit den Speckstreifen spicken, kleingeschnittenes Suppengemüse dazugeben; 2 Tassen Marinade darübergießen, Topf schließen. Nach je einer Stunde wieder Marinade angießen, bis sie aufgebraucht ist. In den letzten 15 Minuten - das Fleisch muß schon weich sein - Deckel abnehmen, den Braten bei 220 Grad Kruste bilden lassen.
Die Soße durchs Sieb in einen Topf drücken, mit Kuchen-Bröseln binden, in Scheiben geschnittene Gurke untermischen; noch einmal aufkochen und nachwürzen.
TIP: Dem sehr konservativen

Gericht tut das Binden der Soße mit etwas angerührtem Mehl gut!

Zum Sauerbraten passen Kartoffelklöße, Salzkartoffeln, Reis oder Teigwaren gleichermaßen.

Schneller Sauerbraten

Essigwasser zum Kochen bringen und damit das Fleisch begießen; ohne vorheriges Einlegen nach Grundrezept garen.

Sauerbraten in Specksoße

Fleisch vor dem Braten nicht spicken, sondern stattdessen den Speck, in Würfel geschnitten, in der Pfanne ausbraten, in die fertige Soße mischen.

Sonntags-Sauerbraten

Nährwert ca. 600 kcal = 2511 kJ

Hälfte der Buttermilch durch Rotwein ersetzen, fertige Soße mit 125 g Sahne verfeinern; mit 1 EL gemahlenen Mandeln binden.

Rouladen

4 große, dünne Rouladen, Salz, frischgemahlener Pfeffer, 1 EL Öl, 2 EL Delikateß-Senf, 1 EL Kapern, 2 Zwiebeln, 40 g fetter Räucherspeck, 2 EL gehackte Petersilie, 1/8 l Rotwein, 1/8 l Würfelbrühe, 150 g saure Sahne.

Garzeit 1,5 bis 2 Stunden

Nährwert ca. 500 kcal = 2093 kJ

Rouladen mit dem Handballen leicht klopfen, mit Salz und Pfeffer einreiben, auf einer Seite mit Öl bepinseln, dann mit Senf bestreichen; 2 TL Kapern und ca. 1/3 der geschälten, gewürfelten Zwiebeln sowie Speckwürfel darauf verteilen; zusammenrollen und mit Spießen oder weißem Baumwollgarn fixieren. Rouladen im Öl kurz rundum in der Pfanne anbraten, dann nebeneinander in den gewässerten RÖMERTOPF legen; restliche Zwiebelwürfel einstreuen; alles mit Wein begießen, Topf schließen. Zwischendurch mit Brühe aufgießen, evtl. die Röllchen vorsichtig wenden. Soße zum Schluß abschmecken, mit der sauren Sahne und den übrigen Kapern sowie der Petersilie verfeinern.

Zu Rouladen passen Salzkartoffeln oder Reis.

Roulade "Henne Berta"

In jede gewürzte Fleischscheibe 1 kleines hartgekochtes Ei hüllen; auf Speckzugabe wird verzichtet.

Pfefferbraten, skandinavisch

Die Soße mit Schwarzbrotbröseln binden. 1 TL eingelegte Pfefferkörner zerdrücken, mit etwas Weinessig verrühren, die Soße damit pikant würzen.

Kartoffeln sind die bevorzugte Beigabe.

Senfbraten, polnisch

Vor dem Braten das Fleisch zwei- bis dreimal teilen, an den Schnittstellen mit scharfem oder Delikateß-Senf bestreichen, mit weißem Baumwollgarn zusammenbinden. Soße mit Würfeln von Senfgurke pikant abschmecken.

Wiener Rostbraten

(Österreich)

1 Tomate, 1 Bund Suppengemüse, 3 große Zwiebeln, 4 Scheiben Roastbeef (zus. ca. 750 g), Salz, frischgemahlener Pfeffer, 1 EL Öl, 1/2 Zitrone, 1/8 l saure Sahne, 1 EL Butter, Würfelbrühe, edelsüßes Paprikapulver.

Garzeit rund 1 Stunde

Nährwert ca. 520 kcal = 2176 kJ

Tomate, Suppengemüse und 1 Zwiebel vorbereiten, zerschneiden und in den gewässerten RÖMERTOPF legen. Ränder des gewaschenen, trockengetupften Bratens mehrmals einschneiden, Fleisch salzen und pfeffern und im heißen Öl in der Pfanne von beiden Seiten anbraten; auf das Gemüse legen, mit Zitronensaft beträufeln, mit saurer Sahne aufgießen; Topf schließen. Den fertigen Braten aus der Röhre nehmen und im Topf warmhalten, während man die geschälten und in Ringe gehobelten Zwiebeln in der Butter kross brät. Soße mit Wasser oder Würfelbrühe lösen, im kleinen Topf auf dem Herd unter Rühren aufkochen, mit Paprika und Salz abschmecken. Den Rostbraten mit Soße und Zwiebelringen servieren.

Dazu passen Salzkartoffeln oder Reis und Salat.

Gourmet-Rostbraten, schweizerisch

Zwischen die einzelnen Fleischscheiben Kapern, Stücke von Sardellenfilets und Scheibchen von gefüllten Oliven legen, vor dem Schmoren zum kompakten Stück zusammenbinden.

Esterhazy-Braten, ungarisch

Rinderlendenfleisch verwenden.
60 g durchwachsenen Räucherspeck klein würfeln, in der Pfanne ausbraten und Fleischscheiben darin anbraten.
1/2 Lorbeerblatt mitgaren. Soße mit gepreßtem Knoblauch und reichlich Zitronensaft abschmecken.

Stefanie-Braten

(Österreich)

1 große Scheibe Roulade von ca. 800 g, Salz, frischgemahlener Pfeffer, 1 hartgekochtes Ei, 1 Zwiebel, 50 g fetter Räucherspeck, 1 naturreine Zitrone, 200 g saure Sahne, 1 EL Speisestärke, 1 EL Tomatenmark, 3 EL Kapern.

Garzeit ca. 2 Stunden

Nährwert ca. 750 kcal = 3138 kJ

Gewaschenes, trockengetupftes Fleisch auf der Arbeitsplatte mit dem Handballen so flach wie möglich klopfen, salzen und pfeffern;
Ei und Zwiebel schälen, hacken, mit dem gewürfelten Speck darauf verteilen. Fleisch zusammenrollen und mit weißem Baumwollgarn zusammenbinden; in den gewässerten RÖMERTOPF legen;
mit etwas abgeriebener Zitronenschale bestreuen, mit 1 Tasse Wasser aufgießen, 2 Zitronenscheiben dazulegen, Topf schließen. Fleisch beim Garen zweimal mit erwärmtem Wasser oder Brühe begießen.
Die Soße durchsieben, mit Zitronensaft, saurer Sahne, der mit Wasser angerührten Speisestärke, Tomatenmark, Salz und Pfeffer vollenden.

Die ideale Beilage sind Semmelknödel.

Tafelspitz
(Österreich)

Damit das volle Aroma des köstlichen Fleisches erhalten bleibt, sollten Sie es vor dem Garen im RÖMERTOPF kurz in kochendes Wasser geben!

800 g Tafelspitz oder mageres Rindfleisch, 1/2 l feine Würfelbrühe,
1/2 Lorbeerblatt, einige Pfefferkörner,
1 Bund Suppengemüse.
Garzeit ca. 3 Stunden
Nährwert ca. 400 kcal = 1674 kJ

Brühe mit Gewürzen und vorbereitetem Suppengemüse auf dem Herd in einem Topf zum Kochen bringen, Fleisch einlegen. Nach etwa 4 Minuten sind die Poren geschlossen, und man legt das Fleisch in den gewässerten RÖMERTOPF, begießt es mit 2 Tassen der heißen Brühe, schließt den Topf; nach je 1 Stunde heiße Brühe mit dem Gemüse dazugeben.

Zu Tafelspitz servieren Sie Salzkartoffeln, Meerrettichsoße und das mitgegarte Gemüse. Sie können das Fleisch auch in der Brühe servieren, mit frischer Petersilie bestreuen, dunkles Brot dazu reichen.

Gulasch heißt im Herkunftsland Ungarn Pörkölt. Sie können auch Schweinefleisch verwenden - die Garzeit verkürzt sich dann - oder Rind- und Schweinefleisch mischen.

Pörkölt (Ungarn)

600 g Rinder-Gulaschfleisch, 1 EL Räucherspeckwürfel, 1 EL Schweine- oder Butterschmalz, 1 Knoblauchzehe, 400 g Zwiebeln, 400 g mehlig kochende Kartoffeln, 3 Tassen Brühe, viel edelsüßes und wenig scharfes Paprikapulver, Kümmel nach Geschmack, Salz, 1 EL Tomatenmark.
Garzeit ca. 2 Std.
Nährwert: ca. 550 kcal = 2030 kJ

Das Fleisch waschen, trockentupfen. Den Speck mit dem Schmalz in der Pfanne ausbraten, das Fleisch darin anbraten. Den Knoblauch und das Tomatenmark dazurühren, alles in den lt. Vorwort gewässerten RÖMERTOPF geben. Die Zwiebeln und Kartoffeln schälen, vierteln, dazulegen. Mit der Brühe begießen, würzen, den Topf schließen.

Beilagen: Kartoffeln oder Nudeln.

Hirten-Pörkölt, ungarisch

Viele vorbereitete, zerkleinerte Paprikaschoten mitgaren.

Beilage: Nudeln

Puszta-Gulasch, ungarisch

250 g Sauerkraut unterheben.

Wiener Saft-Gulasch

Mit Majoran und etwas Essig würzen; Soße mit Sahne verfeinern.

Das Grundrezept für Sauerbraten finden Sie auf Seite 37. Hier zwei interessante Variationen dazu:

Fruchtiger Sauerbraten, skandinavisch

100 g eingeweichtes und kleingeschnittenes Dörrobst mitgaren, 1 EL Mandelsplitter in die fertige Soße geben.

Rheinischer Sauerbraten

2 EL Rosinen mitgaren, in der letzten Viertelstunde 2 geviertelte Äpfel dazulegen.

Rouladen Amsterdamer Art

Die Rouladen nach dem Grundrezept auf S. 38 bereiten, jedoch mit Würfelchen von Schnittkäse (Resteverwertung) füllen.

Feurige Rouladen, ungarisch

Die Rouladen mit Tomatenketchup bestreichen, kräftig mit scharfem Paprikapulver würzen; eingelegte Tomatenpaprika-Streifen in die Soße mischen, diese mit Paprika schärfen.

Rindfleisch wird im Mittelmeerraum meist kurz gebraten oder gegrillt. Schmort man es aber, dann sehr lange und bei kleiner Hitze - dazu ist der RÖMERTOPF ideal.

Klassischer französischer Rinderbraten

Kenner schätzen Boeuf à la mode, den köstlichen, in Wein geschmorten Rinderbraten. Wegen der langen Garzeit eignet sich der RÖMERTOPF ideal und muß nicht beaufsichtigt werden.

800 g Rinderbratenfleisch, 1 EL Olivenöl, 1/8 l Rotwein, 1/8 l kräftige Brühe, 50 g fetter Räucherspeck, 1 kleiner Kalbsfuß, 1 Möhre, 1 Zwiebel, 1 TL Kräutermischung der Provence, Salz, frischgemahlener Pfeffer.

Garzeit ca. 5 Stunden

Nährwert ca. 600 kcal = 2511 kJ

Fleisch waschen, trockentupfen, im erhitzten Fett in der Pfanne rundum anbraten; in den gewässerten RÖMERTOPF legen, Wein dazu- und Brühe darübergießen; in Streifen geschnittenen Speck, den Kalbsfuß (beim Einkauf einmal durchhacken lassen) sowie das grobgeschnittene Gemüse, Kräuter, Salz und Pfeffer dazugeben, Topf schließen. Nach einer Stunde Temperatur auf 160° senken.

Rinderschmorbraten in Chianti

(Italienisch)

800 g Rinderbraten, Salz, frischgemahlener Pfeffer, 4 EL Olivenöl, 1/2 l kräftiger Rotwein, 2 EL gehackten Stangensellerie, 4 Knoblauchzehen, 2 EL gemischte gehackte Kräuter italienisch (TK), 1-2 TL Speisestärke.

Garzeit mindestens 4 Stunden

Nährwert ca. 600 kcal = 2511 kJ

Fleisch rundum kräftig mit Salz und Pfeffer einreiben, in der Pfanne in 2 EL rauchheißem Öl anbraten, in den gewässerten RÖMERTOPF legen; mit Wein und dem übrigen Öl begießen; Sellerie, Knoblauch und Kräuter untermischen, die Flüssigkeit leicht salzen und gut pfeffern, Topf schließen. Nach 1 Stunde die Hitze auf 160° zurückstellen, das Fleisch darf nur noch köcheln. Am Ende der Garzeit Soße durchsieben, noch einkochen, mit in Wasser angerührter Speisestärke leicht binden; zum in sehr dünne Scheiben geschnittenen Fleisch reichen.

Weißbrot und gedünstetes Gemüse schmecken trefflich dazu.

Rinderschmorbraten in Weißwein
(Sardinien)

Hier werden zum Schmoren halb Weißwein, halb Brühe verwendet und mit Lorbeerblatt, Piment, geriebener Muskatnuß sowie Sardellenfilets apart gewürzt.

Rinderschmorbraten mit Schokolade
(Spanien)

800 g Rinderbraten, 30 g fetter Räucherspeck, Salz, Pfeffer, 4 EL Öl, 2 Zwiebeln, 2 Knoblauchzehen, 2 Tomaten, 2 Gewürznelken, etwas Thymian, 1/8 l Brühe, 1/8 l Weißwein, 25 g bittere Schokolade, 1 EL Weinessig, 2 EL gemahlene Mandeln.

Garzeit ca. 5 Stunden

Nährwert ca. 650 kcal = 2720 kJ

Fleisch spicken, mit allen Zutaten außer Schokolade und Mandeln; Rinderschmorbraten wie klassischen französischen Rinderbraten garen; zuletzt zerbröckelte Schokolade im heißen Sud zerlaufen lassen, Soße mit Mandeln binden.

Reis oder knuspriges Weißbrot und Salate passen zum gesüßten Gericht.

Pot-au-feu
(Frankreich)

Weil dieser klassische Fleischtopf in aller Welt unter seinem französischen Namen bekannt ist, sei er auch hier verwendet.

800 g mageres Rindfleisch, wie Tafelspitz, 1-2 Kalbsknochen, 2 Möhren, 2 Stangen Lauch, 2 Zwiebeln, 1 weiße Rübe, 2 Stangen Sellerie, einige Pfefferkörner, 3 Gewürznelken, 1 TL Trocken-Kräutermischung der Provence, Salz, 1 Tasse Weißwein.

Garzeit mindestens 3 Std.

Nährwert: ca. 500 kcal =2092 kJ

Das Fleisch und die Knochen waschen, trockentupfen, in den lt. Vorwort gewässerten RÖMERTOPF geben.
Mit 1/2 l Wasser aufgießen, den Topf schließen. Nach 1 Stunde die Brühe abschäumen. Alles Gemüse vorbereiten, grob zerschneiden und dazugeben. Ebenso die Gewürze untermischen, die Brühe salzen, mit dem erwärmten Wein aufgießen, weitergaren. Das Fleisch mit dem Gemüse umlegen und mit Brot servieren. Evtl. die Brühe vorher als Suppe reichen.

Kaltes Rindfleisch, baskisch

Rinder-Schmorbraten lt. Seite 36 mit 1/8 l Weißwein und 1/4 l Brühe bereiten, 4 gehackte Zwiebeln, 4 gewürfelte Tomaten und 4 gehackte Knoblauchzehen mitgaren; Fleisch in der Brühe abkühlen lassen. Gemüsefond durch ein Sieb passieren, mit gehackter Petersilie, 1 gehackten harten Ei, Essig, Öl und evtl. noch Brühe oder Wein zur dicklichen Soße rühren, dazu reichen.

Rouladen mit Salami-Füllung
(Italien)

4 sehr dünne Scheiben Rouladenfleisch, 2 Eigelb, 1 Scheibe Weißbrot, 50 g Kalbshackfleisch, 75 g Salami, 1 EL geriebenen Parmesankäse, 2 EL gehackten Staudensellerie, 1 Knoblauchzehe, Salz, frischgemahlener Pfeffer, 2 EL Olivenöl, 1 Lorbeerblatt, etwas Salbei, 1 kleine Dose geschälte Tomaten, 1/8 l Rotwein.

Garzeit ca. 2 Stunden

Nährwert ca. 550 kcal = 2300 kJ

Eigelb, eingeweichtes und ausgedrücktes Weißbrot und Kalbshack verkneten. Salami enthäuten, in feine, ca. 1 cm lange Streifen schneiden, mit Käse und der Hälfte des Staudensellerie sowie gepreßtem Knoblauch dazumischen, salzen, pfeffern; vorbereitete Fleischscheiben damit bestreichen. Zusammenrollen, mit weißem Baumwollgarn binden oder zusammenstecken.
In der Pfanne im erhitzten Öl rundum anbraten, nebeneinander in den gewässerten RÖMERTOPF legen; Lorbeerblatt, übrigen Staudensellerie, Salbei sowie geschälte Tomaten dazugeben, Topf schließen.
Zum Schluß Rouladen auf eine vorgewärmte Platte heben, Tomaten-Fond durchs Sieb streichen oder mit dem Handmixstab pürieren, mit Wein verrühren; kurz aufkochen und glattrühren.

Dazu passen Weißbrot und frischer Salat.

Rindergeschnetzeltes mit Zwiebeln
(Italien)

500 g Jungrind-Bratenfleisch, 5 Knoblauchzehen, 50 g durchwachsener Räucherspeck, 1 Möhre, 1 Stange Sellerie, 500 g kleine Zwiebeln, 4 EL Olivenöl, 1 EL gehackte Petersilie, 1 Döschen Tomatenmark, Suppenwürze, 1 Tasse kräftiger roter Landwein, Salz, Pfeffer, 2 TL Zucker.

Garzeit rund 2,5 Stunden

Nährwert ca. 550 kcal = 2300 kJ

Fleisch waschen, trockentupfen, in Scheibchen oder Würfel schneiden; Knoblauch schälen, ebenso wie den Speck in Streifen schneiden und das Fleisch damit spicken. Möhre und Sellerie vorbereiten, Zwiebelchen nur enthäuten. Öl in der Pfanne erhitzen und erst das Fleisch, dann das Gemüse darin anbraten. Den RÖMERTOPF wässern, Fleisch und Gemüse hineingeben, mit Petersilie bestreuen; den mit Tomatenmark und etwas Suppenwürze verrührten, gesalzenen und gepfefferten Wein dazugießen, Topf schließen. Beim Garen nach Bedarf erwärmte Flüssigkeit zugießen.
Geschnetzeltes abschließend mit Zucker bestreut noch 10 Minuten ohne Deckel im Backofen lassen.

Knackiges Weißbrot ist die richtige Beilage.

Rindergeschnetzeltes, korsisch

Statt Zwiebeln je 400 g geschälte Tomaten und 400 g zerkleinerte Paprikaschoten zugeben; Fleisch mit Thymian, Basilikum und zerdrückten Wacholderbeeren würzen.

Rinderragout in Joghurt
(Türkei)

500 g Rindergulasch, 1/4 l Instantbrühe, 2 EL Öl, 3 Zwiebeln, 4 Knoblauchzehen, 1 Msp Zimtpulver, 4 Eier, 1/2 l Joghurt, frischgemahlener Pfeffer, Salz.

Garzeit ca 2,5 Stunden

Nährwert ca. 500 kcal = 2092 kJ

Fleisch waschen, in den gewässerten RÖMERTOPF geben, mit Brühe begießen, Topf schließen. Zwiebeln schälen und in dicke Ringe schneiden.
Nach etwa 2 Stunden das Fleisch abtropfen, im Öl zusammen mit Zwiebeln und Knoblauchzehen unter Bewegen scharf anbraten; Brühe anderweitig verwenden, das Fleisch in den Topf zurückgeben und mit Zimt pudern. Eier und Joghurt verquirlen, mit viel Pfeffer und wenig Salz würzen, darübergießen; im offenen Topf noch 30 Minuten garen.

In der Türkei ißt man Fladenbrot und Salat dazu.

Rindfleisch-Tomatentopf
(Nordafrika)

4 Zwiebeln, 8 Knoblauchzehen, 2 EL Öl, 800 g Rindergulaschfleisch in großen Stücken, je 1/2 TL Kurkuma, Piment, Kardamom und Zimt, 1 Msp gemahlene Nelken, Salz, 1/1 Dose geschälte Tomaten.
Garzeit ca. 2,5 Stunden
Nährwert ca. 500 kcal = 2092 kJ

Zwiebeln schälen, vierteln, den abgezogenen Knoblauch halbieren; beides in der Pfanne auf dem Herd im Öl anrösten; das gewaschene und trockengetupfte Fleisch dazugeben und von allen Seiten unter ständigem Bewegen mit anbräunen.
Alle Gewürze mit den geschälten Tomaten in den gewässerten RÖMERTOPF geben, das Fleisch untermischen, Topf schließen.

Dazu paßt Reis.

Rindfleisch-Tomatentopf, griechisch

Der berühmte Stifado wird wie der nordafrikanische Rindfleisch-Tomatentopf bereitet. Man verzichtet aber auf Kurkuma, Piment und Kardamom und nimmt stattdessen ein Lorbeerblatt. Viele Zwiebeln mitverwenden!
Das fertige Gericht mit gehackter Petersilie verfeinern.

Ochsenschwanz-Ragout
(Frankreich)

1.200 g Ochsenschwanz, mehrmals durchgehackt, 4 EL Weinessig, 1/4 l Rotwein, Salz, frischgemahlener Pfeffer, 1 Lorbeerblatt, 1/2 TL Thymian, 2 Gewürznelken, 1 Prise Zucker, 1 Zwiebel, 1 Knoblauchzehe, 1/2 unbehandelte Zitrone, 50 g fetter Speck, 1 EL Mehl, 1 Bund Suppengemüse, 1/4 l Würfelbrühe.
Garzeit ca. 3,5 Stunden
Nährwert ca. 450 kcal = 1883 kJ

Fleisch gut waschen und über Nacht in eine Marinade aus Essig, Wein und den Gewürzen sowie der geschälten, gehackten Zwiebel und Knoblauchzehe legen.
Am nächsten Tag in den gewässerten RÖMERTOPF füllen; Zitrone heiß abwaschen, in Scheiben schneiden, dazulegen. Speck würfeln, in der Pfanne ausbraten, das Mehl darin anschwitzen, zur Marinade mischen.
Die in Scheiben geschnittene Zitrone und das vorbereitete, zerkleinerte Suppengemüse dazugeben, mit der Brühe aufgießen. Zum Schluß Zitronenschale herausnehmen, die Soße

durchrühren und abschmecken.

Gut schmecken in Butter geschwenkte Nudeln zum Ragout.

Ochsenschwanz, italienisch

Statt Gewürzkörnern und Nelken einige Rosmarinnadeln mitgaren, mit Tomatenmark und Kapern verfeinern.

Rinderzunge, geschmort

(Frankreich)

1 kleine Rinderzunge, 1 TL Trockenkräutermischung der Provence, Salz, 250 g Möhren, 250 g kleine Zwiebeln, 1 EL Würfel von fettem Speck, 1/4 l trockener Weißwein, 1 EL Mehl, frischgemahlener Pfeffer, 2 EL gehackte Petersilie, 1 EL Weinbrand,1 EL Butter.

Garzeit ca. 3 Stunden

Nährwert ca. 400 kcal = 1674 kJ

Zunge gut waschen, in den gewässerten RÖMERTOPF legen; mit den Kräutern und 1/2 l leicht gesalzenem Wasser bedecken, Topf schließen. Nach 1 1/2 Stunden Zunge aus dem Sud nehmen, unter kaltes Wasser halten und enthäuten. Das Fleisch in Scheiben schneiden. Den Sud durchsieben, nur noch 1/4 l davon in den Topf zurückgießen. Die Möhren schrappen, längs halbieren und in 2 cm lange Stücke schneiden. Zwiebeln enthäuten und mit den Speckwürfeln in die Brühe geben, ebenso das in etwas Wein angerührte Mehl, pfeffern. Die Zunge garschmoren; die Soße mit Petersilie, Weinbrand und Butterflöckchen verfeinern, nachschmecken.

Als Beilage paßt Reis.

Rindfleisch mit Sesam

(Korea)

400 g Rinderlende, 50 g Sesam, 2 EL Öl, 2 Zwiebeln, 2 Knoblauchzehen, Salz, 2 EL gehackte Petersilie, 3 EL Sojasoße, 2 Eier, frischgemahlener Pfeffer.

Garzeit ca. 45 Minuten

Nährwert ca. 400 kcal = 1674 kJ

Fleisch in Streifen schneiden, mit dem Sesam in der Pfanne kurz in Öl anbraten, dann in den gewässerten RÖMERTOPF geben; Zwiebeln und Knoblauch abziehen, grob hacken, mit Salz und Petersilie darüberstreuen, Sojasoße und 1/4 l Wasser darübergießen, Topf schließen. Nach 30 Minuten die Eier mit Salz, Pfeffer und Petersilie verquirlen, vorsichtig beigeben.

Reis ist die klassische Beilage.

Pfeffertopf

(Karibik)

250 g Rinderbraten, 1/4 l Brühe, etwas Muskat, Salz, frischgemahlener Pfeffer, 1 scharfes Pfefferschötchen, 1 große Zwiebel, 1 Knoblauchzehe, 300 g Blattspinat, 300 g Kartoffeln, 1 Paprikaschote, reichlich Tabasco, 100 g Kokosraspel, 100 g Sahne, 100 g eßfertige Krabben, 1 EL Rum.

Garzeit ca. 2 Stunden

Nährwert ca. 550 kcal = 2300 kJ

Fleisch würfeln, mit der Brühe in den gewässerten RÖMERTOPF legen, mit Muskat, Salz und Pfeffer würzen, das Pfefferschötchen dazugeben; den Topf schließen. Inzwischen die gewürfelte Zwiebel, Knoblauch und den vorbereiteten Spinat auf dem Herd in wenig Salzwasser weich schmoren, pürieren. Kartoffeln schälen, den Paprika vom Stielansatz und den weißen Innenhäuten mit Kernen befreien, beides kleinschneiden. Nach 1 Stunde Garzeit alles zum Fleisch geben, eine halbe Stunde später vorsichtig untereinanderheben, mit Tabasco und Salz abschmecken, Kokosraspel, Sahne und Krabben einrühren; mit Rum zusätzlich aparte Würze geben.

Rindfleisch-Mais-Topf

(Mexico), Abb. Seite 35

500 g Rinderhackfleisch, 2 EL Rosinen, 2 EL schwarze Oliven ohne Kerne, 2 Zwiebeln, 4 Knoblauchzehen, Salz, etwas Kreuzkümmel, scharfes Paprikapulver, 2 EL Öl, 1 getrocknetes Pfefferschötchen, 250 g Maiskörner aus der Dose, 1 Paprikaschote, 1 Tasse Brühe.

Garzeit ca. 1 Stunde

Nährwert ca. 400 kcal = 1674 kJ

Das Hackfleisch mit Rosinen, geviertelten Oliven, Zwiebelwürfeln und gepreßtem Knoblauch verkneten; salzen, mit Kreuzkümmel und Paprika schärfen; in den gewässerten RÖMERTOPF geben; mit Öl beträufeln, das kleingeschnittene Pfefferschötchen und die Maiskörner darauf verteilen; Paprika vorbereiten, kleinschneiden, ebenfalls darübergeben. Mit der Brühe begießen, Topf schließen.

Mit Fladenbrot schmeckt´s noch mexikanischer.

MEINE EIGENEN RÖMERTOPF-REZEPTE:

ZUTATEN:

ZUBEREITUNG:

ZUTATEN:

ZUBEREITUNG:

BELIEBTES UND KÖSTLICHES VOM KALB.

Dem praktisch fettlosen Kalbfleisch sollten Sie beim Schmoren stets eine Tasse Flüssigkeit zugeben. Sonst wird es nach den Grundregeln des Fleischgarens auf Seite 6 bereitet.
Wer die höheren Fleischpreise scheut: Braten lassen sich auch mit Jungrind und Gerichte aus kleineren Stücken vorzüglich mit Putenfleisch zubereiten.

Nicht alltägliche Kalbfleischrezepte in Fülle finden Sie bei den Spezialitäten des Mittelmeerraumes, weil man besonders in Frankreich und Italien das zarte Fleisch sehr schätzt.

Kalbsbraten

750 g Kalbfleisch ohne Knochen vom Schlegel, Salz, Pfeffer, 1 EL Butterschmalz, 1/4 l Würfelbrühe, 1 Zwiebel, 1 Möhre, 2 EL getrocknete Pilze oder 100 g frische Champignons, 1/4 l saure Sahne, 1 EL feingehackte Petersilie.

Garzeit ca. 2,5 Stunden

Nährwert ca. 500 kcal = 2093 kJ

Fleisch waschen, trockentupfen, rundum mit Salz und Pfeffer einreiben; Butterschmalz in Flöckchen in den gewässerten RÖMERTOPF geben;
das Fleisch einlegen. Brühe dazugießen, Zwiebel, Möhre und Pilze zerkleinern, dazustreuen; Topf schließen. Beim Garen immer wieder mit Fleischsaft und evtl. noch zusätzlicher Flüssigkeit begießen; nach Geschmack in den letzten 10 Minuten im offenen Topf überkrusten. Den Bratensaft lösen, im kleinen Topf mit saurer Sahne aufkochen, nachwürzen. Mit der Petersilie bestreuen.

Zu Kalbsbraten passen Reis oder Salzkartoffeln und feines Gemüse.

Kalbsbraten mit Kruste

Pro Portion ca. 80 kcal = 334 kJ mehr rechnen!

1 Ei mit 50 g Semmelbröseln vermischen, soviel Sahne zugeben, daß eine streichbare Masse entsteht; pfeffern, das Fleisch damit vor dem Überkrusten bedecken.

Kalbsbraten in bunter Soße

Das Patentrezept, wenn plötzlich ein Esser mehr auftaucht! Nährwerterhöhung je nach verwendeter Würstchenmenge.

Gut abgewaschene Scheiben von naturreiner Zitrone und 1 Lorbeerblatt mitgaren. Die Soße mit Scheiben von Gewürzgurken und Würstchen vermischen.

Kalbsnierenbraten

Abb. Seite 47

Wie Kalbsbraten bereiten.

Gefüllte Kalbsbrust

500 g Brustspitze vom Kalb, 125 g Bratwurst-Mett, 125 g Rinderhackfleisch, 1 Brötchen, 1 Zwiebel, 1 Bund Schnittlauch, 1 Ei, Salz, frischgemahlener Pfeffer, 1 EL Butter, 1/8 l kräftige Würfelbrühe, 1 Tomate, 2 EL Zitronensaft, 1/8 l saure Sahne.

Garzeit ca. 2 Stunden

Nährwert ca. 450 kcal = 1883 kJ

Das Fleisch waschen, trockentupfen, eine Tasche einschneiden (noch besser: gleich beim Einkauf einschneiden lassen). Die Zwiebel pellen, fein hacken. Den Schnittlauch unter fließendem kalten Wasser abbrausen, trockenschwenken und in Röllchen schneiden. Das Brötchen einweichen, ausdrücken, mit dem Hack, Zwiebelwürfeln, Ei, Schnitt-

lauch, Salz und Pfeffer zur pikanten Farce verkneten; in die Tasche füllen, mit weißem Baumwollgarn zunähen oder mit Spießchen zustecken.
Fleisch in den lt. Vorwort gewässerten RÖMERTOPF legen, mit Butterflöckchen bestreuen; mit Brühe begießen; die vom Stielansatz befreite, geviertelte Tomate dazulegen. Den Topf schließen.
Den Fleischsaft mit Zitronensaft, saurer Sahne, Salz und Pfeffer abschmecken, mit Petersilie vermischen.

Beilage: Teigwaren und Salat oder feines Gemüse.

Kalbs-Rouladen

4 große Kalbsschnitzel, 4 Sardellenfilets, 1 EL Kapern, 2 EL gehackte Petersilie, 2 Zwiebeln, 50 g durchwachsener Räucherspeck, 1/8 l Instant-Kalbsbrühe, 1 EL Tomatenmark, 1 EL Butter, Salz, Zitronensaft, evtl. etwas Speisestärke, 1/2 Tasse trockener Weißwein, etwas geriebene Muskatnuß, 1 EL Schnittlauchröllchen oder Kresse.

Garzeit ca. 1 1/2 Stunden

Nährwert ca. 350 kcal = 1465 kJ

Fleisch mit dem Handballen sehr flachklopfen, von beiden Seiten salzen und pfeffern; auf einer Seite mit gehackten Sardellenfilets, Kapern, Petersilie, Zwiebel- und Speckwürfeln belegen, vorsichtig zusammenrollen und mit weißem Baumwollgarn binden oder mit Spießchen zusammenstecken; nebeneinander in den gewässerten RÖMERTOPF legen. Die Brühe mit Tomatenmark verrühren, dazugießen. Das Fleisch mit Butterflöckchen besetzen; den Topf schließen.
Die Soße mit Salz und Zitronensaft abschmecken, mit in Wein angerührter Speisestärke leicht binden, mit Muskat und Kräutern verfeinern.

Kalbsbraten im Speckmantel oder gespickt, ungarisch

Besonders saftig wird Kalbsbraten, wenn er in große, dünne Scheiben von fettem Speck gehüllt ist.
Die kroß gebratenen Speckstücke können dazu serviert werden.
Oder Sie spicken das Fleisch mit feinen Speckstreifen.
Natürlich wird mit viel Paprika geschärft. Rechnen Sie pro 50 g Speck ca. 400 kcal = 1674 kJ mehr.

Kalbshaxe

(Süddeutschland, Österreich)

1 Kalbshaxe, Salz, frischgemahlener Pfeffer, 1 EL Butter, 1 Tasse Weißwein, 1/8 l saure Sahne, edelsüßes Paprikapulver, etwas geriebene Muskatnuß, etwas Bratensoßenpulver zum Rahmbraten, 1 EL beliebige feingehackte Kräuter.

Garzeit ca. 2,5 Stunden

Nährwert ca. 300 kcal = 1255 kJ

Das Fleisch waschen, trockentupfen, rundum mit Salz und Pfeffer sowie mit Butter einreiben, in den gewässerten RÖMERTOPF legen;

Wein zugießen, den Topf schließen. Alle halbe Stunde das Fleisch mit Bratfond beträufeln, bei Bedarf heißes Wasser zugießen. Die Haxe abschließend auf eine Platte legen, noch 10 Minuten bei 250 Grad überkrusten. Indessen die Soße loskochen, mit saurer Sahne, Salz, Pfeffer, Paprika, Muskat und Bratensoßenpulver aufkochen, zuletzt die Kräuter untermischen.

Kartoffel- oder Semmelknödel sind die deftige Beilage.

Kalbshaxe im Speckmantel mit Pfifferlingen, böhmisch

Nährwert pro 50 g Speck
ca. 400 kcal = 1674 kJ

Haxe nach 2 Stunden Garzeit in Speckscheiben hüllen, dann rund 20 Minuten überkrusten und die Haxe währenddessen wenden. 15 Minuten vor Garzeitende 250 g vorbereitete Pfifferlinge in die Soße mischen.
Haxe aus dem RÖMERTOPF nehmen, vom Knochen lösen und in Scheiben geschnitten servieren.

Beilage: Semmelknödel u. Salat.

Kalbshaxe paniert, belgisch

Vor dem Überbacken zuerst in verquirltem Ei, dann in Semmelbröseln wenden. Rund 15 Minuten überbacken bis eine goldbraune Kruste entstanden ist.

Kalbshaxe, schweizerisch

200 g kleine Zwiebeln und je 100 g (evtl. gedünstete) Zwetschgen und Tomatenwürfel mitgaren.

Gefüllte Kalbsbrust gibt es in allen europäischen Ländern. Das Grundrezept, zu dem wir hier einige Abwandlungen servieren, finden Sie auf Seite 48

Kalbsbrust mit Gemüse-Fleischfüllung, schweizerisch

Für die Füllung 150 g feines Kalbshack verwenden. Mit 100 g feinem Gemüse wie TK-Erbsen, Brokkoliröschen oder Spargelstücke mischen.
Mit TK- oder frischen gemischten Kräutern verändern.

Kalbsbrust mit pikanter Gemüse-Füllung, ungarisch

Statt mit Hackfleisch wird die Kalbsbrust mit vorbereiteten, kleingeschnittenen Paprikaschoten und Würfelchen von enthäuteten Tomaten gefüllt.
Sie sparen pro Portion
ca. 125 kcal = 523 kJ.

Gefüllte Kalbsbrust, norddeutsche Art

Einen säuerlichen Apfel schälen, schnitzeln und in die Fleischfarce mischen.
Die Soße mit Rosinen, etwas abgeriebe-

ner Schale von naturreiner Zitrone und einer Prise Zucker abändern.

Kalbsbrust Worchestershire-Art, englisch

In den letzten 30 Garminuten 200 g kleine, vorbereitete Champignons mitgaren, die Soße mit Worchestershiresoße abändern.

Ideal sind zu dieser aparten Version frischgebackene Blätterteigteilchen.

Variationen zu den Kalbsrouladen von S. 49

Laubfröschchen, schweizerisch

Vorbereitete Fleischscheiben mit Blattspinat und je Roulade mit einem hartgekochten Ei belegen, zusammmenrollen. Soße mit Salbei abschmecken.

Kalbsrouladen mit Hack-Käse-Füllung

100 g Tatar mit 100 g geriebenem Gouda, 1 Eidotter, Salz, Pfeffer, beliebigen gehackten Kräutern und kleingeschnittener Pfeffergurke mischen; in die Rouladen füllen. Soße mit Sahne binden.

Kalbskoteletts "Haushälterin-Art"

(Süddeutschland, Östereich)

4 Kalbskoteletts, Salz, frischgemahlener Pfeffer, 3 EL Butter, 300 g Zwiebeln, 300 g Möhren, 450 g Kartoffeln, 1/4 l Weißwein, 1 EL gehackte beliebige Kräuter.

Garzeit ca. 1 Stunde

Nährwert ca. 450 kcal = 1883 kJ

Vorbereitetes Fleisch salzen, mit Pfeffer bepudern und in der Pfanne in 1 EL Butter anbraten.
Zwiebeln pellen, in Ringe zerteilen. Möhren schrappen, in dicke Scheiben schneiden. Geschälte Kartoffeln vierteln. Alles in Schichten in den gewässerten RÖMERTOPF geben, dazwischen jeweils salzen und pfeffern. Mit Wein aufgießen, die übrige Butter darauf verteilen, mit Kräutern bestreuen. Topfdeckel auflegen.

Kalbskoteletts in Sahnesoße, schweizerisch

Der Nährwert erhöht sich um ca. 200 kcal = 835 kJ

Angebratene Kalbskotelettchen mit 1/4 l Sahne in den RÖMERTOPF geben. 1 naturreine Zitrone heiß abwaschen, in Scheiben schneiden, dazulegen. Salzen, pfeffern, mit 1 EL Mehl bestäuben. Mit Petersilie bestreuen und mit Tomatenvierteln garniert servieren.

Dazu schmecken sehr mehlige Salzkartoffeln oder Reis.

Bayerisches "eingemachtes" Kalbfleisch

(Süddeutschland, Tschechei)

750 g Kalbsgulasch, 1 Zwiebel, 1 Bund Suppengemüse, 2 EL Butter, 1 Zitrone, Salz, Pfeffer, 1 EL Mehl, 500 g Spargel, 1 Tasse Würfelbrühe.

Garzeit ca. 2 Stunden

Nährwert ca. 350 kcal = 1465 kJ

Vorbereitetes Fleisch würfeln; Zwiebel und Suppengemüse (ohne Sellerie und Petersiliengrün) vorbereiten, zerkleinern; zusammen mit etwas abgeriebener Zitronenschale in heißer Butter anschmoren, das Fleisch unter Bewegen etwas Farbe nehmen lassen; alles in den gewässerten RÖMERTOPF geben; salzen, pfeffern, mit Mehl bestreuen. Den Topf schließen. Inzwischen den Spargel kochen, in 3 cm lange Stücke schneiden, dazugeben und kurz mitziehen lassen. Mit der Brühe aufgießen, abschmecken.

Nudeln mit in Butter gerösteten Semmelbröseln schmecken dazu.

Kalbfleisch wird im westlichen Mittelmeerraum bevorzugt und nach köstlichen Rezepten gegart. Hier finden Sie eine Auswahl der besten Rezepte aus dem Fleisch mit dem sehr dezenten Eigengeschmack. Vieles läßt sich auch mit Jungrind- oder Hühner- bzw. Putenfleisch bereiten.

Kalbsbraten Pfarrhaus-Art

(Frankreich)

800 g Kalbfleisch vom Schlegel,
100 g fetter Räucherspeck in Scheiben,
50 g getrocknete Morcheln, 1/8 l Weißwein,
Salz, frischgemahlener Pfeffer,
1 Bund Suppengemüse, 50 g Butter,
1 EL Mehl, 1/8 l Sahne, 1 Eigelb,
2 EL gehackte Petersilie, 1 TL Estragon.
Garzeit ca. 3 Stunden
Pilze vorbereiten
Nährwert ca. 600 kcal = 2510 kJ

Die Pilze waschen, einige Stunden in Wein legen. Gewaschenes Fleisch rundum mit Salz und Pfeffer einreiben; mit Streifen von Speck spicken oder mit Speckscheiben einhüllen, mit weißem Baumwollgarn festbinden;
in den gewässerten RÖMERTOPF legen; Morcheln mit Wein dazugeben, ebenso das zerkleinerte Suppengemüse. Mit 1/4 l Wasser aufgießen und Topf schließen. Gargut zweimal mit der Soße beschöpfen bzw. erwärmtes Wasser oder Wein angießen. Den Braten aus dem Speck lösen, warmstellen.
Bratfond durchs Sieb streichen, mit Butterflöckchen, in etwas Sahne angerührtem Mehl, Sahne und Eigelb binden. Mit Salz und Pfeffer abschmecken, Petersilie und Estragon unterheben.

Reichen Sie dazu Kartoffelkroketten und Salat.

Kalbsbraten in raffinierter Soße, spanisch

Die Soße mit Scheibchen von paprikagefüllten Oliven und Weinbrand abwandeln.

Kalbfleisch in Thunfischsoße

(Italien)

800 g Kalbsrollbraten, 1/4 l Brühe,
1/4 l Weißwein, 2 Knoblauchzehen,
2 TL Sardellenpaste, 1 Zwiebel, 1 Stange Sellerie, 1 Lorbeerblatt, 1 TL Pfefferkörner,
1 kleine Dose Thunfisch in Öl,
2 EL Olivenöl, 1/2 Zitrone,
1 Tasse der Kalbsbrühe, 1 Eigelb, 1 Bund Petersilie, 2 EL Kapern.
Garzeit ca. 2 Stunden
Nährwert ca. 550 kcal = 2300 kJ

Fleisch waschen und in den lt. Vorwort gewässerten RÖMERTOPF legen. Mit der Brühe und dem Wein begießen. Die Knoblauchzehen schälen, pressen. Ebenso wie die Sardellenpaste dazugeben. Zwiebel und Sellerie vorbereiten, zerkleinern. Mit dem Lorbeerblatt und den Pfefferkörnern in die Flüssigkeit mischen. Den Topf schließen. Nach 30 Minuten die Hitze auf 180° reduzieren. Wenn das Fleisch weich ist, in der Brühe erkalten lassen, die Brühe durchsieben. Für die Soße den Thunfisch zerpflücken, dann mit dem Handmixstab, mit dem Öl und Zitronensaft sowie 1 Tasse der Kalbsbrühe glattrühren.
Sehr gut pfeffern, evtl. noch mit Salz abschmecken. Zuletzt das Eigelb einrühren, gehackte Petersilie und Kapern untermischen. Zu dem kalt aufgeschnittenen Kalbfleisch reichen.

TIP: Das Fleisch am besten mit Soße überzogen einige Stunden im Kühlschrank durchziehen lassen.

Beilage: knuspriges Weißbrot, Tomatenspalten, Zitronenachtel und Oliven.

Geschmorte Kalbshaxe (Osso buco)

(Italien)

4 Scheiben Kalbshaxe von je ca. 200 g mit Knochenmark, Salz, frischgemahlener Pfeffer, etwas Mehl, 4 EL Olivenöl, 1 Zwiebel, 1/2 Stange Sellerie, 1 Möhre, 1 Lorbeerblatt, 1/4 l Weißwein, 1 kleine Dose geschälte Tomaten, 1/2 naturreine Zitrone, 3 EL gehackte Petersilie.

Garzeit knapp 2 Stunden

Nährwert ca. 500 kcal = 2092 kJ

Das Fleisch waschen, trocknen, mit Salz und Pfeffer einreiben, in Mehl wenden. Öl in der Pfanne sehr heiß werden lassen und das Fleisch von beiden Seiten anbräunen, dann in den gewässerten RÖMERTOPF legen. Im heißen Fett das zerkleinerte Gemüse kurz mit anbraten, dazugeben; mit Wein aufgießen, Lorberblatt und Tomaten beilegen, den Topf schließen. Beim Garen unbedingt etwas erwärmtes Wasser dazugießen!
Den Fond mit abgeriebener Zitronenschale, Zitronensaft, Petersilie, Salz und Pfeffer verfeinern.

In Italien ißt man dazu knuspriges Weißbrot oder Reis und frischen Salat.

Kalbsröllchen auf dem Gemüsebett

(Spanien)

4 dünne Kalbsschnitzel, Salz, frischgemahlener Pfeffer, gemahlene Muskatnuß, 4 EL Olivenöl, 250 g Möhren, 12 kleine Zwiebeln, 1 EL Mehl, 2 TL Zucker, 2 EL feingehackte Petersilie, je 1 Tasse trockener Weißwein und Instant-Kalbsbrühe, 50 g gefüllte Oliven.

Garzeit ca. 1 Stunde

Nährwert ca. 350 kcal = 1465 kJ

Vorbereitetes Fleisch mit Salz, Pfeffer und Muskat bepudern, von beiden Seiten mit Öl bepinseln, zusammenrollen.
Möhren schrappen, in zentimeterdicke Scheiben schneiden, in den RÖMERTOPF geben; Zwiebeln schälen, im Ganzen dazusetzen. Alles mit Mehl bestäuben und mit Zucker sowie Petersilie bestreuen. Die Kalbsröllchen darauflegen, mit Wein und Brühe begießen. Vor dem Servieren abschmecken und die in Scheiben geschnittenen Oliven untermischen.

Knuspriges Weißbrot und Weißwein gehören dazu.

Kalbsröllchen in Sherry
(spanisch)

Eine grüne Paprikaschote sehr kleinschneiden, ein hartgekochtes Ei und mageren Kochschinken hacken; die Kalbfleischscheiben damit füllen. Mit 1 Tasse trockenem Sherry und in Brühe verrührtem Tomatenmark angießen.

Kalbsröllchen, italienisch

Hier werden die Kalbfleischscheiben mit Sardellenpaste bestrichen und mit vielen gemischten, gehackten Kräutern bestreut. Nur 1 Bund Suppengemüse und etwas Staudensellerie zugegeben.

Kalbsröllchen, algerisch

1 rote Paprikaschote vorbereiten, kleinschneiden; in 2 EL Öl anbraten; mit 2 EL geriebenen Pistazienkernen und 2 EL Rosinen mischen, in die Fleischscheiben füllen. Auf einem Bett von Tomatenvierteln garen.

Kalbfleisch mit Pilzen
(Frankreich)

600 g Kalbsschulter, edelsüßes Paprikapulver, 1 EL Mehl, 300 g Zwiebeln, 250 g beliebige frische Pilze, 1 Pä getrocknete Steinpilze, 1 Tasse trockener Weißwein, 1 Tasse kräftige Würfelbrühe, Salz, frischgemahlener Pfeffer, einige Rosmarinnadeln, 2 EL Butter, 4 EL Sahne, 3 EL gehackte Petersilie.

Garzeit ca. 2 Stunden

Steinpilze vorweichen

Nährwert ca. 350 kcal = 1465 kJ

Gewaschenes Fleisch in große Würfel schneiden, in mit Paprika vermischtem Mehl wenden und in den gewässerten RÖMERTOPF legen; Zwiebeln schälen und hacken, Pilze vierteln, dazugeben. Die Steinpilze sollten vorgeweicht sein und werden mit dem Einweichwasser verwendet; sonst: mit der Schere sehr kleinschneiden. Mit Wein und Brühe beträufeln, salzen, mit Pfeffer bemahlen, Rosmarin dazugeben. Zwischendurch nach Bedarf Brühe angießen. Die Soße mit Butterflöckchen und Sahne verfeinern, mit Salz und Pfeffer abschmecken, mit der Petersilie mischen.

Dazu passen Butternudeln oder knuspriges Weißbrot.

Kalbsfrikandeau
(Frankreich)

500 g Kalbfleisch vom Schlegel, Salz, frischgemahlener Pfeffer, 1 EL Zitronensaft, 50 g durchwachsener Räucherspeck, 1 große Zwiebel, 1 Tasse geschälte Tomaten aus der Konserve, 1 Bund Suppengemüse, 2 Gewürznelken, einige Pfefferkörner, 150 g Champignons, 1/8 l Weißwein, 1/8 l saure Sahne.

Garzeit ca. 2 Stunden

Nährwert ca. 350 kcal = 1465 kJ

Vorbereitetes Fleisch würfeln, salzen, pfeffern und mit Zitronensaft beträufeln. Den gewässerten RÖMERTOPF mit dünnen Speckscheibchen auslegen, das Fleisch darauf verteilen; gehackte Zwiebel, Tomaten und zerkleinertes Suppengemüse sowie Gewürznelken und Pfefferkörner darüberstreuen; mit 1/2 Tasse Wasser begießen, Topf schließen. Nach 1 Stunde die Soße vorsichtig durch ein Sieb gießen, das Gemüse passieren; wieder in den RÖMERTOPF geben, mit dem Fleisch, den vorbereiteten Pilzen und dem Wein fertiggaren. Das Gericht mit saurer Sahne verfeinern, nachschmecken.

Dazu schmecken Reis und feine Erbsen, Spargel oder Blumenkohl.
Besonders apart ergänzen gebratene Kastanien dieses Gericht.

Gefüllte Kalbsbrust, italienisch

Wie Kalbsbrust gefüllt auf S. 48 bereiten, jedoch für die Füllung 100 g Spinat, 100 g Erbsen, 50 g geriebenen Parmesankäse, 1 Ei, etwas Thymian, Salz und 1 gepreßte Knoblauchzehe verwenden.

Kutteln, das Kalbsgekröse, werden in den Mittelmeer-Küchen gerne verwendet. Fertig gesäubert und gekocht werden sie auch in Mitteleuropa immer mehr angeboten.

Kutteln, Hausfrauenart

(Frankreich)

800 g vorgekochte Kutteln, in Streifen oder Würfel geschnitten, 1 EL Butter, 1 EL Mehl, 1 gehackte Zwiebel, 1/4 l Weißwein, 1/4 l kräftige Würfelbrühe, Salz, Pfeffer, 2 EL gemischte gehackte Kräuter, evtl. TK, 1 Prise Trockenkräutermischung der Provence.

Garzeit ca. 1 Stunde bei 180°

Nährwert ca. 300 kcal = 1255 kJ

Zutaten in den gewässerten RÖMERTOPF geben, Deckel schließen.

Servieren Sie mit Salzkartoffeln.

Kutteln, Florentiner Art

(Italien)

800 g vorgekochte Kutteln, in Streifen geschnitten, 2 Zwiebeln, 2 Möhren, 1 Stange Sellerie, jeweils vorbereitet, 1/2 Dose geschälte Tomaten, Salz, frischgemahlener Pfeffer, etwas abgeriebene Schale von naturreiner Zitrone, 1 Tasse trockener Weißwein, 1/2 Knoblauchzehe.

Nährwert und Zubereitung wie vorangehendes Rezept.

MEINE EIGENEN RÖMERTOPF-REZEPTE:

ZUTATEN:

ZUBEREITUNG:

ZUTATEN:

ZUBEREITUNG:

ZUTATEN:

ZUBEREITUNG:

APARTES FÜR FEINSCHMECKER VOM LAMM

Lamm ist etwas für Kenner - und davon gibt es immer mehr! Wir freuen uns darüber, Vorschläge für die Zubereitung dieses sehr aparten Fleisches machen zu dürfen. Das extrem fettarme Fleisch von Lämmern hat längst nichts mehr von dem bei uns so gefürchteten Hammelgeschmack. Der entstand hauptsächlich durch das Fett der älteren Tiere. Das sehr zarte, ganz spezielle Aroma von Lammfleisch lieben viele. Wer es doch noch milder möchte,

wickelt es rund 2 Tage in ein mit Essig angefeuchtetes Tuch oder legt es in Buttermilch.
Immer richtig zum Würzen von Lamm ist ein Hauch von Pfefferminze. Knoblauch tut ihm ebenfalls gut.

Lamm ist übrigens das Lieblings-Fleisch bei allen Mittelmeer-Völkern. Wer sich damit anfreundet, erlebt besondere kulinarische Genüsse!

Lammkeule, geschmort

(Süddeutschland, Österreich, Schweiz)

1 kleine Lammkeule von 1000 - 1200 g, 1 Zitrone, Salz, frischgemahlener Pfeffer, 1 EL Öl, 2 Zwiebeln, 1 Möhre, 2 Tomaten, 2 Knoblauchzehen, etwas Pfefferminze, frisch oder getrocknet, 1 Tasse Brühe, 1 Tasse Rotwein oder Bier, 1 EL Preiselbeerkompott, 1 EL feingehackte Petersilie, 50 g saure Sahne.

Garzeit ca. 2,5 Stunden

Nährwert ca. 400 kcal = 1674 kJ

Alles sichtbare Fett sowie noch anhaftende Haut abschneiden. Das Fleisch nun waschen, trocknen und rundum mit Zitronensaft, Salz sowie Pfeffer einreiben; eine Stunde Aroma ziehen lassen. In der Pfanne von allen Seiten anbraten, in den gewässerten RÖMERTOPF legen. Gemüse reinigen, kleinschneiden und dazugeben. Alles mit Pfefferminze bestreuen, mit Brühe aufgießen und den Topf schließen. Nach je 30 Minuten mit wenig erwärmtem Wein oder Bier begießen. Die Soße zusätzlich entfetten; das funktioniert gut durch Auflegen von sehr saugfähigem Papier, wie einem Kaffeefilter; in einem Töpfchen auf dem Herd evtl. noch mit Brühe verlängern; mit Preiselbeerkompott raffiniert würzen. Die Soße mit Petersilie und saurer Sahne vermischen, mit Salz und Pfeffer abschmecken.

Dazu passen Klöße aus gekochten Kartoffeln und Salat.

Lammkeule Cumberland, englisch

Die fertige Soße mit fein abgeriebener Schale einer unbehandelten Orange, 4 EL Portwein, 4 EL Johannisbeer-Gelee, 1 EL Senf und Zitronensaft abschmecken.

Lamm, geschmort in Dillsoße

(Skandinavien)

1.000 g Lammbrust, Salz, 1/2 TL Pfefferkörner, 1 Bund Dill, 1/2 Bund Petersilie, 1/4 l Brühe, 1 EL Zitronensaft, 2 TL Zucker, etwas Essig, 150 g saure Sahne, 2 TL Mehl.

Garzeit ca. 2 Stunden

Nährwert ca. 300 kcal = 1255 kJ

Das Fleisch waschen, trocknen und salzen, in den gewässerten RÖMERTOPF geben. In einem Tee-Ei die Pfefferkörner dazugeben; die Hälfte des Dill und die Petersilie in ganzen Stengeln einlegen, alles mit Brühe begießen und den Topf schließen. Am Ende der Garzeit Kräuter und Pfefferkörner herausnehmen.
Die Soße mit Zitronensaft, Zucker, Essig und saurer Sahne abschmecken; leicht mit in etwas Wasser angerührtem Mehl binden; restlichen Dill feinhacken und untermischen.

Lammrücken mit Pilzen

(Böhmen, Polen)

1.200 g Lammrücken, 1 TL getrockneter Thymian, 1 Blatt Pfefferminze, 1/2 Bund Petersilie, 1 Knoblauchzehe, 1 EL Öl, Rosenpaprika, Salz, frischgemahlener Pfeffer, 1 Zwiebel, 250 g beliebige Steinpilze, Pfifferlinge, Austernpilze frisch, evtl. aus der Dose, 1 Tasse Brühe, 1 TL rosa Pfeffer.

Garzeit ca. 1,5 Stunden
Nährwert ca. 500 kcal = 2093 kJ

Das Fleisch waschen, trockentupfen. Die gewaschenen Kräuter fein hacken, getrocknete Kräuter zwischen den Fingern zerreiben. Mit dem gepreßten Knoblauch, Öl, Paprika, Salz und Pfeffer vermischen. Das Fleisch damit einpinseln, in den lt. Vorwort gewässerten RÖMERTOPF legen. Die gepellten Zwiebeln hacken, 1 TL rosa Pfeffer mit den vorbereiteten, in Scheiben zerteilten Pilzen dazugeben. Mit Brühe aufgießen. Den Topf schließen.
Das Fleisch nach rund einer Stunde Garzeit mit etwas vom Fleischsaft beschöpfen. Die fertige Soße evtl. mit etwas Brühe oder saurer Sahne verlängern, abschmecken.

Beilage: Feines Gemüse oder Salat, knackiges Weißbrot oder Salzkartoffeln.

Lammrücken in Minzsoße, englisch

Die fertige Soße so verlängern: 1/4 l kräftige Brühe mit 1 TL zerriebener, getrockneter Pfefferminze, 2 TL Zucker und 2 TL Weinessig aufkochen, in die Soße rühren.

Lammschnittchen in Wirsing

(Belgien)

600 g Lammgulasch, Salz,
frischgemahlener Pfeffer,
750 g Wirsingkohl, 1 Zwiebel,
1 Bund Suppengemüse, 1 Tasse Brühe,
1 EL Butter, 2 EL gehackte Petersilie.
Garzeit ca. 1,5 Stunden
Nährwert ca. 300 kcal = 1255 kJ

Vorbereitetes Fleisch salzen und pfeffern. Den gereinigten Kohl achteln. Die Zwiebel pellen, hacken. Alles mit dem zerkleinerten Suppengemüse in den gewässerten RÖMERTOPF geben; mit Brühe begießen, Topf schließen. Das fertige Gericht mit Butter und Petersilie verfeinern, nachwürzen.

Reichen Sie Salzkartoffeln dazu.

Lammschnittchen in Rosenkohl, holländisch

50 g fetten und 50 g durchwachsenen Räucherspeck würfeln. In der Pfanne ausbraten, unter das Gericht heben. Mit einer Mischung aus 3 EL Semmelbröseln, 3 EL geriebenem Käse und 1 EL gehackter Petersilie bestreuen, 10 Minuten im offenen Topf überbacken.

Lammfleisch auf Bohnen

(Rußland)

600 g Lammfleisch aus der Keule, Salz,
frischgemahlener Pfeffer, 250 g Zwiebeln,
50 g Butter, 1 EL Mehl, 1/4 l Brühe,
1 EL Tomatenmark, 500 g grüne Bohnen,
2 Knoblauchzehen, 2 EL Wodka,
2 EL gehackte Petersilie.
Garzeit ca. 1 1/2 Stunden
Nährwert: ca. 500 kcal = 1946 kJ

Das Fleisch waschen, trockentupfen und würfeln. Mit Salz und Pfeffer würzen. Die Zwiebeln enthäuten, grob zerkleinern. Mit dem Fleisch in der Pfanne in der Butter anbraten. In den lt. Vorwort gewässerten RÖMERTOPF geben. Mit dem Mehl bestäuben, mit der mit Tomatenmark verrührten Brühe begießen. Den Topf schließen. Nach 3/4 Stunde die vorbereiteten Bohnen dazugeben, den Knoblauch dazupressen. Das fertige Gericht mit Salz, Pfeffer und Wodka abschmecken, die Petersilie unterheben.

Beilage: Kartoffeln

Weil mit Liebe ausprobiert, schmecken Lammgerichte im Mittelmeerraum besonders fein. Wir haben deshalb bei den Rezepten der Mittelmeerküche eine Fülle für Sie gesammelt und für das Garen im RÖMERTOPF bearbeitet.

Lammkeule, französische Art

Wie Grundrezept geschmorte Lammkeule auf Seite 58, aber: auf jeden Fall mit Wein bereiten, mit Kräutern der Provence würzen. 1 Bund zerkleinertes Suppengemüse und die zerpflückte Krume von 1/2 Brötchen als Bindung mitschmoren. Calvados (französischer Apfelschnaps) gibt der Keule die Rasse!

Lammkeule, Wildbret-Art

(Frankreich)

Das Fleisch 2 Tage in einer Marinade aus Rotwein und Weinessig, Salz, Pfefferkörnern, 5 Wacholderbeeren, 1 Gewürznelke, 1 Lorbeerblatt, einer grobgeschnittenen Zwiebel und etwas Schale von naturreiner Zitrone ziehen lassen. In die fertige Soße gut ausgebratene Würfelchen durchwachsenen Räucherspeck mischen.

Lammkeule, flambiert

(Frankreich)

Die fertige, aus der Soße genommene Lammkeule mit Hochprozentigem begießen; entzünden. Am wirkungsvollsten ist das bei Tisch!

Lamm-Koteletts aus dem Ofen

(Frankreich)

250 g Zwiebeln, 250 g Kartoffeln, Salz, frischgemahlener Pfeffer, etwas geriebene Muskatnuß, 8 kleine Lammkoteletts, 80 g Butter, je 1/8 l Brühe und Weißwein.

Garzeit ca. 1 1/4 Stunden

Nährwert ca. 500 kcal = 2092 kJ

Zwiebeln und Kartoffeln schälen, in Scheiben schneiden.Koteletts waschen, trocknen, mit Salz und Pfeffer einreiben. In der Hälfte der Butter in der Pfanne von beiden Seiten anbraten. In den gewässerten RÖMERTOPF zuerst eine Lage Kartoffeln geben, mit Salz, Pfeffer und Muskat würzen, die Hälfte der Zwiebeln und darauf die Koteletts legen. Restliche Zwiebelringe und Kartoffeln aufschichten, wie erwähnt würzen. Die übrige Butter in Flöckchen darauf verteilen. Mit Brühe und Wein angießen und den Topf schließen.

Reichen Sie frischen Salat dazu.

Lammkoteletts aus dem Ofen mit Kruste

(Frankreich)

Nach obigem Rezept vorgehen. Zuletzt 3 EL geriebenen Käse, mit 1 EL gehackten Kräutern und 1 EL Sahne vermischt und gut gepfeffert, auf der Oberfläche verteilen, noch 10 Minuten im offenen Topf überbacken.

Lammrücken, mariniert

(Italien)

800 g Lammfleisch von Rücken oder Hals,
1/4 l Rotwein, 4 EL Weinessig, 1 Tasse
beliebige Kräuter gehackt (Rosmarin, etwas
Thymian und viel Petersilie sollte dabeisein),
4 Zwiebeln, 4 Knoblauchzehen,
50 g durchwachsener Räucherspeck,
4 EL Olivenöl, 1 Tasse Würfelbrühe,
1 scharfes Pfefferschötchen,
1 kleine Dose Tomaten, 3 Möhren,
100 g Spinat oder Mangold, Salz,
frischgemahlener Pfeffer,
4 Scheiben Weißbrot.
Garzeit ca. 1,5 Stunden
Fleisch vorher einlegen
Nährwert ca. 650 kcal = 2920 kJ

Das Fleisch waschen, in eine nicht zu große Schüssel legen; den Wein mit Essig und den Kräutern vermischen, darübergießen; 3 Stunden bis 3 Tage marinieren.
Je 2 Zwiebeln und Knoblauchzehen schälen, hacken. Den Speck würfeln, in der Pfanne ausbraten, Öl dazugeben und darin das gut abgetrocknete Fleisch anbraten; Zwiebeln und Knoblauch kurz mitschmoren, dann alles in gewässerten RÖMERTOPF geben. Mit 1 Tasse Marinade und der Brühe aufgießen, das Pfefferschötchen dazulegen. Nach einer Stunde Garzeit die Dosen-Tomaten und das kleingeschnittene Gemüse dazugeben; mit der übrigen Marinade aufgießen, mit Salz und Pfeffer abschmecken. Nun nach je 30 Minuten das Fleisch mit Soße beschöpfen. Das getoastete Weißbrot salzen, pfeffern, mit gepreßtem Knoblauch bestreichen; auf den Tellern verteilen und mit Fleisch belegen, Soße darübergießen.

Lammrücken mit Oliven

(Spanien)

1.000 g Lammrücken, 1/4 l Weißwein,
Salz, einige Pfefferkörner,
3 Knoblauchzehen, 2 Zwiebeln,
4 EL Olivenöl, 2 EL Mehl,
100 g gefüllte Oliven,
4 EL Cream-Sherry.
Garzeit ca. 1,5 Stunden
Fleisch vorher einlegen!
Nährwert ca. 650 kcal = 2720 kJ

Fleisch waschen und trocknen; in eine Schüssel legen und mit Wein begießen, salzen; Pfefferkörner und

geschälte, halbierte Knoblauchzehen sowie Zwiebeln dazugeben;
ein bis zwei Tage marinieren.
Das Fleisch nun trockentupfen, in der Pfanne mit Öl von allen Seiten anbraten; mit Mehl bestäuben, in den gewässerten RÖMERTOPF geben und mit 1/4 l Marinade begießen; abdecken.
Nach einer Stunde und nochmals nach einer halben Stunde mit der übrigen, erwärmten Marinade begießen. In die fertige Soße halbierte Oliven und Sherry rühren.

Zu Lammrücken schmeckt Reis gut.

Lammrücken, italienisch

Vorbereitetes Fleisch nicht marinieren, aber vor dem Anbraten mit einer Mischung aus getrocknetem Thymian und Minze, Öl, Salz, grobgemahlenem Pfeffer und gepreßtem Knoblauch einreiben. Mit je 250 g abgezogenen kleinen Zwiebeln und 250 g zerkleinerten Pilzen Ihrer Wahl umlegen.

Lamm-Frikassee

(Kroatien)

30 g Trockenpilze, 750 g Lammfleisch in Würfeln, 4 EL Olivenöl, 1 EL Mehl, je 1 EL frischer oder 1 TL getrockneter Rosmarin und Thymian, Salz, frischgemahlener Pfeffer, etwas geriebene Muskatnuß, 1/4 l Weißwein, 2 Eier, 1/2 Zitrone.

Garzeit 1,5 Stunden

Nährwert je nach verwendeten Fleischstücken

Trockenpilze gut waschen, kleinschneiden. Fleisch waschen und trocknen, in der Pfanne mit Öl von allen Seiten anschmoren, dabei bewegen. Mit Mehl überstäuben und in den gewässerten RÖMERTOPF legen, mit Kräutern und Gewürzen bestreuen, mit 1 Tasse Wein begießen; Topf schließen. Nach je 30 Minuten das Fleisch mit angewärmtem Wein und Wasser beträufeln; wenn es weich ist, die Eier salzen, pfeffern, mit Zitronensaft verquirlen und vorsichtig unter die Soße heben.

Reichen Sie Weißbrot und Salat zum Frikassee.

Lamm, Riviera-Art

(Frankreich)

800 g Lammfleisch in großen Würfeln, 30 g Streifen von fettem Räucherspeck, 3 Zwiebeln, 1 Knoblauchzehe, 1 EL Butter, Lorbeerblatt, 250 g Möhren, 250 g weiße Rübchen, 1 Stück Speckschwarte, etwas abgeriebene Schale von naturreiner Orange, Salz, frischgemahlener Pfeffer, 1 Tasse Weißwein, 1 Tasse Würfelbrühe.

Garzeit ca. 2 Stunden

Nährwert ca. 700 kcal = 2930 kJ

Fleisch waschen, trocknen und mit Speckstreifen spicken;
mit den zerkleinerten Zwiebeln und Knoblauch in der Pfanne in Butter anbräunen, dabei bewegen. Möhren und weiße Rüben vorbereiten, zerkleinern und in den gewässerten RÖMERTOPF geben; das Bratgut darauf verteilen, Speckschwarte dazulegen.
Mit Orangenschale, Salz und Pfeffer bestreuen, mit Wein und Brühe begießen, den Topf schließen.

Dazu passen Kartoffeln oder Weißbrot.

Lamm mit Gemüse

(Griechenland)

700 g Lammfleisch, 3 Zwiebeln, 4 EL Olivenöl, Salz, frischgemahlener Pfeffer, 1 Döschen Tomatenmark, 1 Tasse Würfelbrühe, je ca. 200 g Auberginen, Zucchini, Paprikaschoten, Bohnen und Kartoffeln.

Garzeit ca. 1,5 Stunden

Nährwert nach verwendeten Fleischstücken

Das Fleisch waschen, trocknen, in große Würfel schneiden und mit Zwiebelringen in der Pfanne im Öl anbraten.
Alle Gemüse vorbereiten, grob schneiden, in den gewässerten RÖMERTOPF füllen; salzen, pfeffern, dann das Bratgut daraufgeben; Brühe mit Tomatenmark verrühren und aufgießen.
Zwischendurch nach Bedarf erwärmte Flüssigkeit zugießen.

Lamm mit Gemüse, türkisch

Die Kartoffeln durch Pilze ersetzen; viel halbierte Knoblauchzehen mitschmoren. 1/4 l Joghurt zugeben.

Lamm-Pilaw

(Nordafrika)

700 g Lammfleisch vom Schlegel,
2 Zwiebeln, 2 EL Öl, Salz, Kurkuma,
etwas Nelkenpulver, 1 rote Paprikaschote,
100 g Reis, 4 EL Korinthen, 300 ml Brühe,
1 EL gehackte Pistazien, 200 g Weintrauben.
Garzeit ca. 1,5 Stunden
Nährwert ca. 750 kcal = 3139 kJ

Fleisch, waschen, trocknen, würfeln und mit enthäuteten, geviertelten Zwiebeln in der Pfanne im Öl anbraten; dann in den gewässerten RÖMERTOPF geben, mit Gewürzen bestreuen. Die Paprikaschote vorbereiten, würfeln und dazugeben. Reis und Korinthen unter einem Sieb mit Wasser abbrausen, einstreuen. Mit der Brühe aufgießen und den Topf schließen. Das fertige Gericht vorsichtig vermischen, Pistazien und halbierte Trauben unterheben, kurz miterhitzen; das Pilaw abschmecken.

Lamm-Pilaw, türkisch

Statt mit Kurkuma mit Safran, Muskat und viel Knoblauch würzen; statt der Trauben, Würfel von geschälten Tomaten und von angebratenen Auberginen unterheben.

Lamm-Pilaw, griechisch

Statt Kurkuma und Trauben, 500 g Tomaten verwenden. Geschmack mit etwas Zimt und Nelkenpulver und viel gehackter Petersilie verändern. Pilaw mit gehackten Mandeln bestreuen.

Gewürz-Lamm

(Indien)

600 g Lammfleisch, 1 Knoblauchzehe,
1/2 TL Ingwerpulver, je 1 Prise Kreuzkümmel, Cayennepfeffer und
Currypulver, Salz, 1 EL Öl,
2 EL Zitronensaft, 50 g Rosinen,
50 g Nüsse, 2 EL braunen Zucker,
200 g saure Sahne, 1 TL Safran,
1 EL Speisestärke.
Garzeit ca. 1,5 Stunden
Fleisch 2 Tage einlegen
Nährwert ca. 600 kcal = 2511 kJ

Das Fleisch sehr gut vorbereiten, in nicht zu kleine Stücke schneiden. Knoblauch pressen, mit Gewürzen, etwas Salz und dem Öl verrühren, Zitronensaft und 2 EL Wasser dazumischen; über dem Fleisch verteilen und 2 Tage marinieren. Nun in den gewässerten RÖMERTOPF geben. Nach einer Stunde alle Zutaten außer Safran und Speisestärke beigeben. Zuletzt den in heißem Wasser aufgelösten Safran und die angerührte Speisestärke unterrühren; noch einige Minuten garen lassen.

Dazu paßt gedünstetes zartes Gemüse wie Blumenkohl oder Brokkoli.

Lamm mit Tomaten

(Indien)

400 g Lammgulasch, Salz,
frischgemahlener Pfeffer, 2 EL Öl,
2 große Zwiebeln, 2 Knoblauchzehen,
1 kleine Dose geschälte Tomaten, Kardamon,
Nelkenpulver, Koriander und Kreuzkümmel
nach Geschmack, reichlich Kurkuma,
150 g Sahnejoghurt, 100 g Sahne.
Garzeit ca. 1,5 Stunden
Nährwert ca.. 450 kcal = 1883 kJ

Das Fleisch waschen, trockentupfen, salzen und pfeffern. Im Öl in der Pfanne anbraten. Die enthäuteten, gehackten Zwiebeln und Knoblauchzehen dazugeben und anschwitzen. In den lt. Vorwort gewässerten RÖMERTOPF geben.
Die Tomaten mit den Gewürzen sehr pikant-exotisch abschmecken, mit dem Joghurt dazugeben. Den Topf schließen.
Mit der Sahne verrühren, abschmecken.

Beilage: Fladenbrot.

Lamm-Spießchen

(Indien)

Tomatensoße wie im vorigen Rezept, jedoch ohne Fleisch bereiten; sie muß nur 1 Stunde köcheln und wird mit viel Currypulver gewürzt. Würfel vom mageren Lammfleisch abwechselnd mit Perlzwiebeln aufspießen und in der Soße mitgaren.

MEINE EIGENEN RÖMERTOPF-REZEPTE:

ZUTATEN:

ZUBEREITUNG:

WAIDMANNSDANK! MAGERES FÜR KENNER VOM WILD.

Wild ist mager und deshalb "schlank". Es schmeckt ausgesprochen apart und ist eine echte Rund-ums-Jahr-Delikatesse, weil ihm auch das Tiefkühlen nicht schadet. Wild hat seine Heimat in Mittel- und Nordeuropa. Hier ist auch der Bestand so gut, daß es nicht zu teuer angeboten wird. Es findet sich im Mittelmeerraum allerdings meist nur noch in Südfrankreich, Norditalien und wenigen Bergregionen von Griechenland; auch Wildgeflügel serviert man außerhalb von Frankreich, Spanien und Italien kaum. Kaninchen dagegen, wild oder aus dem Stall, wird hier überall gerne gegessen und vorzüglich zubereitet.

Hirschbraten, eingelegt

1.000 g Rücken, Keule oder Ragout vom Hirsch mit Knochen, 1/8 l Wein- oder Estragon-Essig, 1 Zwiebel, Majoran, Thymian, einige zerdrückte Wacholderbeeren, Rosmarin, Salbei, 125 g durchwachsener Räucherspeck, 2 EL Butter, Schale von 1/4 unbehandelter Zitrone, 1/4 l saure Sahne, Salz, frischgemahlener Pfeffer, je 1 EL Johannisbeergelee, Senf, gehackte Petersilie und Pfefferkuchen.
Garzeit ca. 2 Stunden
Fleisch 2 Tage einlegen
Nährwert ca. 500 kcal = 2092 kJ

Essig erhitzen, Zwiebelscheiben und Gewürze dazugeben. Das gewaschene Fleisch einlegen und 2 Tage marinieren. Nun entnehmen, trockentupfen, mit Speckstreifen spicken;
in den gewässerten RÖMERTOPF legen und mit Butterflöckchen bedecken; mit 1 Tasse der durchgesiebten Marinade begießen, Zitronenschale dazugeben, den Topf schließen.
Nach jeweils 40 Minuten mit etwas erwärmter Marinade begießen, damit das Fleisch nicht austrocknet.
Die Soße durchsieben, saure Sahne einrühren, mit Salz und Pfeffer abschmecken. Johannisbeergelee, Senf, Petersilie und den zerbröselten Pfefferkuchen beimischen, noch einmal für 10 Minuten in die Röhre geben.

Zum Hirschbraten passen rohe Kartoffelklöße, Rotkraut und Preiselbeeren.

Hirschbraten, mild mariniert

Für die Beize Rotwein und Buttermilch zu gleichen Teilen mischen.

Hirschbraten à la nature

Während Wild früher immer mariniert wurde, genießt man heute oft bewußt den speziellen Eigengeschmack, den die Beize überdeckt. Das Fleisch wird zarter, wenn es ein paar Stunden in Buttermilch liegt oder von einem essiggetränkten Tuch umhüllt ist. Das sehr magere Hirschfleisch wird durch Spicken mit Räucherspeck saftiger. Für die Soße passen immer: Rotwein, Sahne und Brühe.

Rehbraten

Man kann ihn nach allen Rezepten für Hirschfleisch zubereiten.
Beize überdeckt leicht den sehr dezenten Eigengeschmack.
Wir raten deshalb davon ab.

Rehbraten mit Champignons

Das Fleisch auf ein Bett von sehr dünnen fetten Räucherspeckscheiben in den gewässerten RÖMERTOPF legen. Unter die beinahe fertige Soße 250 g in Scheiben geschnittene Pilze geben. Auf dem Herd 2 gehackte Zwiebeln in 1 EL Butter golden ausbraten, mit 2 EL gehackter Petersilie in die Soße mischen.

Wildschwein (Schwarzwild)

liegt voll im Trend. Richtig zubereitet, ist es ist eine wahre Delikatesse. Am besten schmeckt es frisch von der Jagd im November und Dezember, denn dem an sich nie ganz mageren Fleisch tut das Tiefkühlen nicht so gut wie anderem Wild.

TIP: möglichst fettarme Teile verwenden und sichtbares Fett abschneiden!

Wildschwein wird nicht - wie anderes Wild - gespickt und ohne Fettzugabe gegart. Die Soße sollte man durch Auflegen von Lösch- oder Kaffeefilterpapier zusätzlich entfetten, denn im Fett liegt der manchmal zu starke, typische Wildschweingeschmack. Zu Wildschwein passen alle Arten von Knödeln.

Wildschwein, mariniert

Sehr gut macht es sich eingelegt, in der gleichen Marinade wie für Hirschbraten auf Seite 66 empfohlen.

Nährwert je nach Fettgehalt vom Fleisch.

Kaninchen etabliert sich im Zug der feinen, leichten Küche auch bei uns als kulinarische Köstlichkeit.
Wild- und Stallkaninchen werden nach den gleichen Rezepten bereitet. Wir haben ein Tier für 4 Personen berechnet, es reicht aber gut und gerne auch für 5-6.

Kaninchenbraten, gute alte Art

1 Kaninchen, 1/2 l Weißwein, etwas Essig, 1 Zwiebel, 1/2 Lorbeerblatt, etwas Kerbel, 50 g fetter Räucherspeck, 150 g saure Sahne, 250 g gegarte Champignons, 250 g gegarte Spargelstücke, 1 EL Butter, 2 EL gehackte Petersilie oder Kresse, 1 Eigelb.

Garzeit ca. 1,5 Stunden

Fleisch 1 bis 2 Tage einlegen

Nährwert ca. 500 kcal = 2092 kJ

Das Fleisch waschen, vorbereiten und in Stücke schneiden; in einer Marinade aus Wein, sehr leichtem Essigwasser, Zwiebelringen, Lorbeerblatt sowie Kerbel ein bis zwei Tage einlegen. Vor dem Zubereiten abtrocknen; mit Speckstreifen spicken, ohne weitere Fettzugabe kurz in der Pfanne anbraten und in den lt. Vorwort gewässerten RÖMERTOPF geben. Mit 1 Tasse Marinade und 100 g Sahne begießen, den Topf schließen. Dazwischen zweimal mit erwärmter Marinade begießen. In den fertigen Bratfond Champignons und Spargel sowie die Butter mischen. Abschmecken, die Kräuter einrühren. Mit dem in der übrigen Sahne verrührten Eigelb leicht binden.

Beilage: Rosenkohl, Spätzle,
mit Kirschen gefüllte Äpfel

Wildhase wird nach unserem Geschmack nicht mehr gebeizt, sondern nur für 12 Stunden in Buttermilch gelegt oder 24 Stunden in ein essiggetränktes Tuch eingeschlagen. Ein ganzer Hase reicht für ca. 6 Portionen und paßt in den großen RÖMERTOPF .

Hasenbraten

Mindestens 1.000 g Hasenfleisch mit Knochen, frischgemahlener Pfeffer, 100 g durchwachsener Räucherspeck, Salz, 3 Zwiebeln, 3 Möhren, 1 Stück Schwarzbrot, 1 Bund Petersilie (möglichst mit Wurzeln), 1 Tasse Rotwein, 2 EL Zitronensaft, 1 Tasse saure Sahne.

Garzeit ca. 1,5 Stunden

Nährwert ca. 400 kcal = 1674 kJ

Das Fleisch waschen, trocknen, salzen, pfeffern und üppig spicken;

in den gewässerten RÖMERTOPF legen. Zwiebeln und Möhren zerkleinern, mit dem zerschnittenen Brot und geschrappten Petersilienwurzeln dazugeben. Mit Rotwein begießen und den Deckel auflegen. Zwischendurch nach Bedarf etwas heißes Wasser zugießen. Die Soße passieren, mit Zitronensaft und Sahne aufkochen, würzen;
mit gehacktem Petersiliengrün vermischen.

Dazu Kartoffelknödel, Preiselbeerkompott und Rotkohl oder Salat reichen.

Hasenbraten, pikant

Wacholderbeeren, Pfefferkörner, 1 Gewürznelke und 1/2 Lorbeerblatt mitschmoren.

Wild-Schaschlik

ist eine schmackhafte Resteverwertung für alle Arten von Wild: schneiden Sie dazu Reste von gegartem Fleisch in Scheibchen und reihen sie mit Silberzwiebeln und kleinen Dosenpilzen auf Spieße; mit Cumberland-Soße beträufeln, zu dunklem Brot reichen.

Rebhühner

sind als echtes Wildgeflügel im September und Oktober besonders gut. Achten Sie darauf, daß sie immer jung sind - man sieht´s an den hellgelben Füßen. Rebhühner können Sie auch nach den Rezepten für Hühner bereiten und normale Hühner nachfolgend beschrieben.

Rebhühner, gebraten

4 junge Rebhühner, Salz, 2 EL Zitronensaft,
1 EL Butter, 1/2 Lorbeerblatt,
einige Gewürzkörner, etwas Thymian,
1 Zwiebel, 1 Bund Suppengemüse,
100 g saure Sahne, 50 g fetter Räucherspeck,
1/8 l Rotwein.

Garzeit ca. 1 1/4 Stunden

Nährwert ca. 300 kcal = 1256 kJ

Rebhühner waschen und trocknen, innen und außen leicht salzen, mit Zitronensaft beträufeln. Herz und Leber fein hacken, mit Butter und Gewürzen mischen, in das Geflügel füllen; mit weißem Baumwollgarn zunähen; dicht nebeneinander in den gewässerten RÖMERTOPF legen. Die Zwiebel und das Suppengemüse zerkleinern, darüberstreuen und mit Sahne begießen.
Mit dünnen Speckscheiben belegen, den Topf schließen.
Rebhühner immer wieder mit Rotwein beträufeln, nach Geschmack 10 Minuten im offenen Topf überbacken.

Dazu passen kräftiges Schwarzbrot oder Kartoffelpüree und Sauerkraut.

Fasan

Die Garzeit ist etwa 2 Stunden.

bereiten Sie wie Rebhuhn. 1 Fasan reicht für 2-3 Personen.

Hirschbraten süß-sauer, osteuropäisch

Nach Grundrezept auf S. 66 bereiten. Wenig Gewürze und Essig verwenden, dafür reichlich kleingeschnittene Gewürzgurke in die fertige Soße geben. Gurkenlake aus dem Glas mit für die Marinade verwenden; die Soße mit saurer Sahne und Kapern verfeinern.

Hirschbraten mit Garnitur, skandinavisch

Vier säuerliche Äpfel schälen, das Kernhaus ausstechen und die entstandene Höhlung mit Preiselbeer-Kompott füllen. In den letzten 30 Minuten mit in den RÖMERTOPF legen, zur Garnitur servieren.

Hirsch-Rouladen, ungarisch

bereiten Sie nach dem Grundrezept für Rouladen auf Seite 38. Rollen Sie jeweils ein Stück scharfe Pfeffergurke zusätzlich ein und garen Sie 1 Lorbeerblatt mit; die Soße mit saurer Sahne verfeinern, mit Paprikapulver schärfen.

Wild-Paprika

(Ungarn)

700 g Reh- oder Hirsch-Gulasch, Salz,
frischgemahlener Pfeffer,
50 g durchwachsener Räucherspeck,
3 Zwiebeln, 3 Knoblauchzehen,
3 Paprikaschoten, 2 TL Mehl,
1 EL edelsüßes Paprikapulver, je 1/8 l Brühe,
saure Sahne und Rotwein.
Garzeit ca. 1,5 Stunden
Nährwert ca. 500 kcal = 2092 kJ

Das Fleisch salzen und pfeffern. Speck würfeln, in der Pfanne ausbraten, das Fleisch zugeben und unter Bewegen mit anbraten; Zwiebeln und Knoblauch häuten, kleinschneiden, kurz mit anschwitzen. Paprikaschoten von Stielansatz und Kerngehäuse befreien, vierteln, in den gewässerten RÖMERTOPF geben; Fleisch und Zwiebeln darauf verteilen, mit Mehl und Paprikapulver bestäuben, mit Brühe aufgießen; Topf schließen. Nach je 30 Minuten erwärmte Sahne und Wein zugießen.
Die Soße pikant abschmecken.

Zu Wild-Paprika eignet sich Reis.

Rentier

In Skandinavien, aber auch in Mitteleuropa tiefgefroren im Angebot, kann nach allen Rezepten für Hirsch und Reh bereitet werden.

Wildschweinbraten Wilderer-Art, norddeutsch

Nach Grundrezept S. 67 bereiten. Die Soße mit geriebenem, säuerlichen Apfel, Zitronensaft und Schwarzbrot-Böseln verändern; mit etwas Kornschnaps abschmecken.

Wildschwein raffiniert, schweizerisch

Die Soße mit Kapern, etwas Johannisbeerkonfitüre und Kresse verändern.

Kaninchen in Bier

(Deutschland)

Für ca. 6 Personen: 1 Kaninchen,
4 EL Essig, 1/2 l Bier, 250 g Zwiebeln,
50 g fetter Räucherspeck,
1/2 Bund Petersilie,
1 TL getrockneter Thymian, Salz,
1 EL geriebenes dunkles Brot,
frischgemahlener Pfeffer.
Garzeit 2 bis 2,5 Stunden
Fleisch vorher einlegen!
Nährwert ca. 400 kcal = 1674 kJ

Das Kaninchen in Stücke teilen, mindestens 12 Stunden in einer Mischung aus sehr schwachem Essigwasser und Bier einlegen.
Trockentupfen, in der Pfanne mit Zwiebel- und Speckwürfeln anbraten; in den gewässerten RÖMERTOPF legen, mit etwas Petersilie und Thymian bestreuen, salzen; 1 Tasse der Marinade darübergießen und den Topf schließen. Beim Garen mehrmals erwärmte Marinade zugießen. Die Soße abschmecken, mit gehackter Petersilie mischen und mit geriebenem Brot binden; gut pfeffern. Noch 10 Minuten in die Röhre stellen.

Zum Bierkaninchen gibt´s Kartoffelknödel.

Kaninchen fruchtig, belgisch

In die fertige Soße rühren Sie reichlich Würfel von geschälter Tomate, schmecken mit Orangenmarmelade - und nach Belieben mit Weinbrand - ab. Noch 10 Minuten in die Röhre stellen.

Kaninchen unter Käsehaube, holländisch

Vor dem Servieren das Fleisch dick mit viel geriebenem Käse überstreuen, noch 10 Minuten im geöffneten Topf überbacken.

Rebhuhn, gefüllt

(Rußland)

3 Rebhühner, Salz, einige Pfefferkörner, 1 Knoblauchzehe, 50 g Weißbrot, 1 Eigelb, Salz, frischgemahlener Pfeffer, 200 g saure Sahne, 50 g Butter.

Garzeit ca. 1 1/4 Stunden

Nährwert ca. 350 kcal = 1464 kJ

Ein Rebhuhn vierteln, in wenig Wasser mit Pfefferkörnern und Knoblauch weichkochen. Das Fleisch von den Knochen lösen, im Fleischwolf oder in der Küchenmaschine zusammen mit eingeweichtem, gut ausgedrücktem Weißbrot pürieren; mit Eidotter vermischen, gut salzen und pfeffern.
Die beiden übrigen Rebhühner innen und außen waschen, salzen und pfeffern, mit der Farce füllen; mit weißem Baumwollgarn zunähen und in den gewässerten RÖMERTOPF legen.
Mit 4 EL saurer Sahne beträufeln, mit Butterflöckchen belegen und den Topf schließen.
Nach ca. 60 Minuten die übrige, erwärmte Sahne und Butter dazugeben.

Dazu passen Kartoffeln.

Reh in Senfbutter

(Frankreich)

Ca. 700 g Jungreh-Schulter, Salz, frischgemahlener Pfeffer, 1 Zwiebel, 1 Knoblauchzehe, 1/2 Lorbeerblatt, 6 EL Delikateß- (noch besser: Dijon-) Senf, ca. 200 ml weißer Landwein, 100 g Butter, 200 ml Sahne.

Garzeit ca. 1,5 Stunden

Nährwert ca. 600 kcal = 2511 kJ

Das Fleisch waschen, trocknen, in große Würfel teilen, salzen, gut pfeffern; mit gehäuteter Zwiebel und Knoblauch in den gewässerten RÖMERTOPF geben. Das zwischen den Fingern zerriebene Lorbeerblatt und Butterflöckchen daraufgeben, den Topf schließen. Nach je 30 Minuten erwärmte Sahne und mit Senf verrührten Wein über das Fleisch gießen. Die Soße abschmecken.

Zum Reh Kartoffelkroketten und Salat reichen.

Reh auf Linsen

(Spanien)

200 g getrocknete Linsen, 2 Zwiebeln,
2 Knoblauchzehen, 1 Döschen Tomatenmark,
1 grüne Paprikaschote, einige Pfefferkörner,
1/4 l trockener Weißwein,
750 g Jungreh-Schulter, 4 EL Olivenöl,
2 EL gehackte Petersilie.
Garzeit ca. 2 Stunden
Linsen 12 Stunden wässern
Nährwert ca. 550 kcal = 2030 kJ

Die Linsen 12 Stunden einweichen; dann mit dem Einweichwasser, Zwiebel- und Knoblauchwürfeln, Tomatenmark, der in Streifen geschnittenen Paprikaschote und Pfefferkörnern in den gewässerten RÖMERTOPF geben. Wein zugießen, das Fleisch darauflegen, mit Öl beträufeln und mit Petersilie bestreuen, Topf bedecken.

Dazu passen Kartoffeln oder Brot.

Rehrücken "Gourmet", französisch

Abb. Seite 65

Rehrücken nach dem Grundrezept auf Seite 66 garen. Die Filetstreifen ablösen, schräg in Streifen schneiden, dünn mit Trüffelleberwurst bestreichen und auf dem Rückgrat wieder zusammensetzen. Trüffelleberwurst in einen Spritzbeutel mit kleiner Tülle füllen, kleine Tuffs aufspritzen; jeweils mit einem Stückchen Orangen-Filet und einem winzigem Büchsenpfifferling krönen.
Im offenen Topf noch 10 Minuten in die Röhre stellen. Die Soße mit Orangensaft, Sahne und viel Pfeffer würzen.

Für Hase und Kaninchen, die für je ca. 6 Personen ausreichen, ist der große RÖMERTOPF ideal.

Hasenragout in Wein

(Italien)

Für ca. 6 Personen: 1 Hase,
2 Knoblauchzehen, 2 große Zwiebeln,
2 Möhren, 1 Stange Sellerie,
1 Lorbeerblatt, Petersilie mit Wurzel,
etwas Thymian und Oregano,
einige Pfefferkörner, Salz,
1/2 l Land-Rotwein,
100 g durchwachsener Räucherspeck,
4 EL Olivenöl, 1 Scheibe Weißbrot,
1 EL Kakaopulver, 1 TL Zucker.
Garzeit 1,5 bis 2 Stunden
Fleisch 1 Tag vorher einlegen
Nährwert ca. 550 kcal = 2030 kJ

Den gewaschenen Hasen in Portionsteile zerschneiden. Alles Gemüse vorbereiten, zerkleinern.
Die Fleischteile mit den Gewürzen bestreuen, mit Gemüse vermischen und mit Wein begießen;
1 Tag durchziehen lassen. Speck in Streifen schneiden, im Öl in der Pfanne anbraten;
das trockengetupfte Fleisch portionsweise mit anbräunen. In den gewässerten RÖMERTOPF zuerst die Weißbrotscheibe legen, mit Kakaopulver und Zucker bestreuen, Fleisch und Speck daraufgeben; mit 1/2 l der Marinade begießen, Topf schließen. Nach je 30 Minuten

erwärmte Marinade zugießen. Abschließend die Fleischstücke herausnehmen und warmstellen; die Soße durch ein Sieb gießen, Gemüse und Brot leicht durchdrücken, abschmecken.

Dazu passen knackiges Weißbrot oder Polenta (Rezept S. 131)

Hase im Roten, italienisch

Geschälte, gewürfelte Tomaten mitgaren. Die fertige Soße mit Streifen von eingelegtem Tomatenpaprika sowie einigen gedünsteten Sauerkirschen mischen.

Hase mit Rosinen, spanisch

Mit Tomatensaft aufgießen, 50 g Rosinen und 50 g Pinienkerne in die Soße mischen.

Hase mit Walnuß-Soße, griechisch

Den Hasen in Weißwein mit Knoblauch, Staudensellerie und Zitronensaft dünsten. Den Fond durchpassieren, nach Belieben mit Brühe verlängern; mit 50 g gemahlenen Walnüssen verfeinern. Kaninchen wird wie Wildhase bereitet, aber immer mit Weißwein statt mit Rotwein. Ein Tier reicht für 6 Portionen.

Kaninchen Marengo (Italien)

1 Kaninchen, Salz, frischgemahlener Pfeffer,
1/2 Zitrone, 1 Dose geschälte Tomaten,
3 Zwiebeln, 3 Knoblauchzehen,
je 4 EL gehackte Petersilie und
Staudensellerie, 100 g gefüllte Oliven,
1/4 l Weißwein, 4 EL Olivenöl,
4 EL Weinbrand, 1 EL Pinienkerne.
Garzeit ca. 1,5 Stunden
Kaninchen 1 Stunde vorbereiten
Nährwert ca. 500 kcal = 2092 kJ

Die Kaninchenteile mit Salz, Pfeffer und Zitronensaft einreiben;
1 Stunde Aroma ziehen lassen. Tomaten in den gewässerten RÖMERTOPF geben; Zwiebeln und Knoblauch häuten und darüberstreuen; Petersilie, Staudensellerie und geviertelte Oliven darauf verteilen; salzen, pfeffern und mit Wein begießen. Dann die Fleischteile auflegen, mit Öl beträufeln und den Topf schließen. Nach je 30 Minuten das Fleisch abwechselnd mit erwärmtem Wasser, Wein und Weinbrand beträufeln, mit den Pinienkernen bestreuen.

Reichen Sie knuspriges Weißbrot dazu.

Kaninchen mit Trauben, griechisch

Ca. 200 g halbierte und entkernte helle Trauben in den letzten 10 Minuten mitgaren; Soße mit geriebenen Mandeln binden.

Rebhuhn auf Kohl

(Frankreich)

2 Rebhühner, Salz, Pfeffer, 800 g Weißkohl,
100 g durchwachsener Räucherspeck,
50 g Butter, 1 große Möhre,
1 TL Trocken-Kräutermischung der Provence,
1 Tasse Würfelbrühe,
200 g kräftige Knoblauchwürstchen.
Garzeit ca. 1 Stunde
Nährwert je nach Wurst

Die Rebhühner salzen, pfeffern und vierteln.
Den Weißkohl in breite Streifen schneiden, in den gewässerten RÖMERTOPF geben, mit Brühe aufgießen. Speck in feine Streifen schneiden, in der Pfanne mit 1 EL Butter anbraten und die Rebhuhn-Viertel mit anbräunen.
Die Möhre schrappen, kleinschneiden, mit anschmoren und mit den Kräutern bestreuen. Das Bratgut auf dem Kohl verteilen und mit Brühe begießen, mit Butterflöckchen bestreuen; den Topf schließen. Nach 45 Minuten in Scheiben geschnittene Würstchen unterheben, abschmecken.

Ofenkartoffeln oder Kartoffelkroketten schmecken dazu.

Rebhuhn in Weißwein

(Italien)

2 küchenfertige Rebhühner, Salz, frischgemahlener Pfeffer, 2 große, dünne Scheiben durchwachsener Räucherspeck, 3 EL Öl, 100 g Hühnerleber, 2 Knoblauchzehen, 2 Zwiebeln, 150 g Champignons, 1/2 l kräftiger Land-Weißwein, 2 EL gehackte Petersilie, 2 TL Speisestärke.

Garzeit ca. 1 1/4 Stunde

Nährwert ca. 650 kcal = 2720 kJ

Die Rebhühner waschen und trocknen, mit Salz und Pfeffer einreiben;
jeweils die Speckscheibe mit weißem Baumwollgarn um die zarten Brust- und Bauchteile, Flügel und Keulen am Körper festbinden;
in den gewässerten RÖMERTOPF legen und mit Öl beträufeln. Die Leber säubern und schneiden;
Knoblauch und Zwiebeln grob hacken; die Pilze vierteln. Alles dazugeben, mit Wein begießen, salzen und den Topf schließen.
Nach der Kochzeit die Rebhühner herausnehmen und warmstellen.
Die Soße evtl. noch etwas einkochen, mit Petersilie vermischen, mit in wenig Wasser angerührter Speisestärke binden und mit Salz und Pfeffer abschmecken.

Zum Rebhuhn gibt´s knuspriges Weißbrot und Salat.

Rebhuhn Jägerart, spanisch

2 gewürfelte Tomaten und 250 g geviertelte Waldpilze nach Wahl mitgaren. Mit etwas Thymian und reichlich Knoblauch würzen.
Das fertige Gericht mit Madeira abschmecken; ausgebratene Weißbrotwürfel und feine Streifen von Räucherspeck darübergeben.

Rebhuhn, in Sherry mariniert

(Spanien)

Die geviertelten Rebhühner in einer Marinade aus 1/4 l trockenem Sherry, 2 EL Essig (am besten Sherry-Essig), 1 TL Trocken-Kräutermischung der Provence, 1 Lorbeerblatt und 2 EL Olivenöl 1 Tag marinieren. Das trockengetupfte Fleisch in reichlich Olivenöl von allen Seiten anbräunen, in der Marinade mit reichlich ganzen Knoblauchzehen garen.

Beilage: gebackene Kartoffelscheiben.

MEINE EIGENEN RÖMERTOPF-REZEPTE:

ZUTATEN:

ZUBEREITUNG:

ZUTATEN:

ZUBEREITUNG:

ZUTATEN:

ZUBEREITUNG:

SAFTIGES UND SCHMACKHAFTES GEFLÜGEL.

Das Garen von köstlichen Geflügelgerichten gehört zu den absoluten Talenten des RÖMERTOPFES. Probieren Sie doch aus, wie saftig es dort gerät. Gerade für das liebe Federvieh fanden wir in den Küchen rund um die Welt eine Fülle schmackhafter Rezepte.
Für große Enten, Poularden und Gänse gibt es übrigens den extragroßen RÖMERTOPF. Denken Sie entsprechend frühzeitig daran, ihn zu besorgen - oder lassen Sie sich einfach einen schenken!.

Brathähnchen

2 Hähnchen, 2 EL Butter, 1 EL feingehackte gemischte Kräuter (evtl. TK), Salz, frischgemahlener Pfeffer, 1/2 Tasse Weißwein, 1/2 Tasse Würfelbrühe.
Garzeit nach Größe 75 bis 90 Minuten
Nährwert ca. 300 kcal = 1256 kJ

Das Geflügel innen und außen waschen, trockentupfen. Die Butter zerlassen und mit den Kräutern, Salz und Pfeffer vermischen; die Hühner damit innen und außen dick einstreichen; in den gewässerten RÖMERTOPF legen. Die gehackte Leber dazugeben, mit Wein angießen, den Topf schließen. Hühner zweimal mit Brühe begießen.

Dazu passen Reis, Kartoffelsalat, mehlige Salzkartoffeln, feines Gemüse und Salat.

Gefülltes Brathähnchen

1 großes Hähnchen mit der Farce aus Herz und Leber, 1 TL gehackter Zwiebel, 1 gepreßte Knoblauchzehe, 1/2 Tasse sehr fein geschnittenem Kochschinken, 1/2 Tasse Weißwein, Salz, Pfeffer, Thymian, Salbei und 1/4 zerriebenem Lorbeerblatt füllen.

Brathähnchen mit Sahnesoße

Die fertige Soße mit saurer Sahne auf dem Herd aufkochen; gehackte Petersilie und einige kleingeschnittene Champignons dazugeben; gut pfeffern.

Gespicktes Hähnchen

Das Hähnchen mit dünnen Speckstreifen spicken.

TIP: Besonders zart bleibt das Brustfleisch, wenn Sie es während der ersten Bratstunde mit dünnen Scheiben von Räucherspeck abdecken; mit weißem Baumwollgarn festbinden. Speck nach Belieben in der Pfanne kross ausbraten, dazu servieren.

Hühner-Frikassee

1 großes Huhn, Salz, edelsüßes Paprikapulver, 100 g magerer Räucherspeck, 1/2 Zwiebel, 1/4 l Würfelbrühe, 1 TL Speisestärke, 200 g Sahne, 1 EL Zitronensaft, 1 EL gehackte Petersilie.
Garzeit gut 1 1/4 Stunden
Nährwert ca. 500 kcal = 2093 kJ

Das gewaschene Geflügel in Portionen zerlegen, salzen, jedes Stück mit Paprika würzen.
Den Speck in dünne Scheiben schneiden, in der Pfanne goldbraun ausbraten und den gewässerten RÖMERTOPF damit auslegen. Das Huhn darauf verteilen; Zwiebel darüberstreuen, 1 Tasse Brühe angießen, den Topf schließen.
Das Fleisch zweimal mit Brühe beträufeln. Die Soße nach Geschmack verlängern, mit in Sahne verrührter Speisestärke leicht binden; Zitronensaft und Petersilie einrühren; abschmecken.

Zum Frikassee schmecken Reis oder Salzkartoffeln oder Toast.

Hühnerfrikassee nach Art der Hausfrau

Champignons und / oder Erbsen und / oder Blumenkohlröschen garen, unter das fertige Frikassee heben.

Poularde heißt das große, verschnittene Masthuhn. Hier reicht ein Tier gut für vier Personen.

Gebratene Poularde

1 Poularde, Zitronensaft, Salz,
2 Zweige Thymian, 2 EL Butter,
1 kleine Dose Champignons, 1 EL gehackte Petersilie, 1 Tasse Würfelbrühe,
edelsüßes Paprikapulver oder frischgemahlener Pfeffer, etwas Speisestärke.
Garzeit gut 1,5 Stunden
Nährwert ca. 350 kcal = 1465 kJ

Poularde innen und außen mit Zitronensaft und Salz einreiben, in den gewässerten RÖMERTOPF (groß) legen; Thymian in die Bauchöffnung stecken und das Fleisch mit zerlassener Butter bestreichen; Pilze und Petersilie zugeben, mit Brühe angießen, den Topf schließen. Zuletzt die Poularde mit etwas Fleischsaft beträufeln und noch 10 Minuten überbräunen, dann mit Paprikapulver oder Pfeffer bestreuen. Die Soße mit etwas angerührter Speisestärke leicht binden, nach Geschmack mit Brühe verlängern, nachwürzen.

Zu Poularde paßt körniger Reis und feines Gemüse wie Erbsen, Spargel, Brokkoli oder Blumenkohl.

Die Pute (Truthenne) hat sich durch die aparte Verschiedenheit ihrer einzelnen Fleischstücke und nicht zuletzt durch ihre Preisgünstigkeit unsere Küche erobert.
Im RÖMERTOPF entfaltet sie ihr ganzes subtiles Aroma, denn er verhindert die Gefahr des Austrocknens beim Garen.

Gebratene Pute

(ergibt 8 Portionen)

1 junge Pute, Salz, frischgemahlener Pfeffer, 2 EL Butterschmalz,
1/2 l Würfelbrühe.
Garzeit ca. 2,5 Stunden
Nährwert ca. 350 kcal = 1465 kJ

Pute innen und außen waschen, trockentupfen, salzen und pfeffern. Den großen, gewässerten RÖMERTOPF mit Butterschmalzflöckchen auslegen;
die Pute daraufgeben, mit etwas Schmalz bestreichen; 1 Tasse Brühe angießen, den Topf schließen.
Pute alle 30 Minuten mit etwas Würfelbrühe begießen. Das Fleisch ist nicht sehr fetthaltig und darf deshalb nicht knusprig braten!
Die Soße verlängern, leicht binden, abschmecken.

Zur Pute reichen Sie Kartoffelgratin und Salate.

Gefüllte Pute

.. kann mit jeder für Huhn oder Gänsebraten empfohlenen Farce gefüllt werden.
Geben Sie 30 Garminuten zu.

Putenfüllung, klassisch

Herz und Leber der Pute kleinschneiden, mit 150 g Rinderhackfleisch verkneten, würzen;
250 g zerkleinerte Champignons dazugeben.

Gänsebraten

1 Fleischgans von ca. 5-6 kg, Salz,
1 Apfel, 1 Brötchen, frischgemahlener
Pfeffer, 1 TL Majoran oder Beifuß.
Garzeit rund 3 Stunden
Nährwert je nach Fettgehalt der Gans

Gans innen und außen gut waschen, trocknen und mit Salz ausreiben. Herz und Leber säubern, den Apfel schälen und das Kerngehäuse entfernen. Das Brötchen einweichen. Herz, Leber und Apfel in der Küchenmaschine zerkleinern; mit dem ausgedrückten Brötchen mischen, mit Salz, Pfeffer und Majoran oder Beifuß würzen. Mischung in die Gans füllen, mit weißem Baumwollgarn zunähen; mit der Brust nach unten in den gewässerten RÖMERTOPF (groß) legen und diesen schließen.

WICHTIG: Gänsebraten soll in der ersten Stunde keine Farbe bekommen, da er sonst zu trocken wird.
Nach 2 Stunden den Deckel abnehmen und die Gans alle 10 Minuten abwechselnd mit eigenem Saft und Salzwasser begießen; einmal wenden, damit die Kruste rundum knusprig wird.
Vorsichtig die Fäden entfernen, die Gans auf eine vorgewärmte Platte heben und tranchieren.

TIP: Mögen Sie das Fleisch nicht zu fett? Dann werden die fetthaltigen Schenkel öfter mit einer Stricknadel durchstoßen, damit während des Bratens das Fett austritt. Es kann dann von der Soße abgeschöpft werden.

Zur Gans reichen Sie Kartoffelklöße mit Sauerkraut, Rotkohl oder Apfelmus.

Gans mit Fleisch-Füllung

Abb. Seite 75

Leber und Herz der Gans hacken und mit einem Fleischteig wie bei Frikadellen verkneten, in die Gans füllen.

Garzeit um ca. 30 min. verlängern

Gänseklein

(Gänsejung, Gänsepfeffer)

Gänseklein = Füße ohne Krallen und Haut,
Magen ohne Innenhaut, Kopf ohne Schnabel
und Augen sowie die Flügel einer Gans,
Salz, Pfeffer, 1 Zwiebel,
1 Bund Suppengemüse, 2 EL Butter,
1 EL Mehl, 1 Bund Petersilie,
1/2 naturreine Zitrone,
geriebene Muskatnuß, 1/8 l saure Sahne.
Zubereitung 2,5 Stunden
Nährwert ca. 300 kcal = 1.256 kJ

Das Gänseklein gut waschen; mit Salz, Pfeffer, 1/2 gewürfelter Zwiebel und dem zerkleinerten Suppengemüse sowie 1/2 l Wasser in den gewässerten RÖMERTOPF legen; den Topf schließen. Nach 90 Minuten Garzeit die Brühe absieben und in den RÖMERTOPF zurückgießen. Das Fleisch von den Knochen lösen, in Streifen teilen und dazugeben. Butter und Mehl verkneten, mit etwas Brühe glattrühren und in den Topf geben. Die geriebene restliche Zwiebelhälfte, gewaschene, gehackte Petersilie, Zitronensaft und etwas geriebene -schale untermischen. Bei geschlossenem Topf weitere 60 Minuten garen. Mit Salz, Pfeffer sowie Muskat abschmecken und mit Sahne binden.

Teigwaren, Mehl- oder Semmelknödel sind passende Beilagen.

Gänseklein mit feinem Gemüse

Unter das fertige Gericht extra gegarte Blumenkohlröschen, Champignons, Spargel und / oder Erbsen mischen.

Gänseklein, mariniert

Die Gänseteile 3 Tage lang in einer Marinade wie bei Sauerbraten einlegen.

Gänseklein mit würziger Gemüsesoße

1/2 Sellerieknolle und 2 Stangen Lauch vorbereiten, zerkleinern und mitgaren.

Ente

Nährwert je Portion Entenbraten
ca. 900 kcal = 3770 kJ

... braten Sie nach Vorschlag für Gänsebraten. Hier genügt jedoch meist der normale RÖMERTOPF und eine Garzeit von 90 - 120 Minuten. Leckere Variationen bieten Ihnen die internationalen Rezepte.

Wildenten

... sind kräftiger im Geschmack als Mastenten und werden deshalb von Kennern hochgeschätzt.
Da sie allerdings - wie alle wildlebenden Tiere - kaum Fett im Fleisch haben, sollten Sie den Braten unbedingt mit dünnen Speckscheiben oder -streifen abdecken. Für 4 Personen sind 2 Tiere richtig.

Tauben

Zum Braten sollten Sie junge Tiere wählen. Verwenden Sie ältere Tiere, kochen Sie diese 1 Stunde vor.

Tauben mit Füllung, gebraten

4 Tauben, 2 Brötchen, 2 EL Petersilie,
3 EL Butter, 4 Eier, Salz,
frischgemahlener Pfeffer,
geriebene Muskatnuß,
1 1/2 Tassen Würfelbrühe.
Garzeit ca. 1 Stunde
Nährwert pro Person
ca. 300 kcal = 1256 kJ

Tauben innen und außen leicht salzen. Brötchen einweichen, ausdrücken und mit den gehackten Tauben-Herzen und -Lebern und der gehackten Petersilie vermischen, kurz in 1 EL Butter anbraten.
Mit den Eiern verrühren, mit Salz, Pfeffer und Muskat würzen. Die Tauben damit füllen, vernähen.
Übrige Farce in den gewässerten RÖMERTOPF und die Tauben dicht nebeneinander darauflegen;
mit 1 Tasse Brühe begießen und mit Butterflöckchen bedecken. Den Topf schließen. Tauben während der Bratzeit mehrmals mit eigenem Saft oder Brühe begießen.

Dazu passen Salzkartoffeln und eine Salatplatte.

Paprikahuhn

(Ungarn)

200 g Zwiebeln, 2 EL Schweineschmalz,
1 großes Hähnchen, Salz,
frischgemahlener Pfeffer,
edelsüßes Paprikapulver,
1 Knoblauchzehe, 2 TL Mehl,
1/8 l kräftige Würfelbrühe,
150 g saure Sahne, 150 g Sahne.
Garzeit gut 1 Stunde
Nährwert ca. 500 kcal = 2092 kJ

Zwiebeln enthäuten, in nicht zu feine Ringe schneiden und in der Pfanne im erhitzten Schmalz golden anbraten; in den gewässerten RÖMERTOPF geben.

Das Huhn vierteln, mit Salz, Pfeffer, Paprika und gepreßtem Knoblauch einreiben, darauflegen und mit dem Mehl überstäuben; den Topf schließen. Beim Garen erwärmte Brühe angießen.
Die Soße mit Sahne verrühren, noch einmal erwärmen, mit Salz und viel Paprika nachschmecken.

Dazu schmecken Reis oder Nudeln.

Brathähnchen mit Käse-Curry-Kruste, holländisch

Das gebratene Geflügel mit einer Mischung aus je 2 EL Semmelbröseln und geriebenem Käse, 1 EL Butter, 1 EL Zitronensaft und Currypulver nach Geschmack belegen, noch 10 Minuten überkrusten.

Brathähnchen mit Pilz-Füllung, böhmisch

Gegarte Waldpilze (evtl. aus der Dose) abtropfen lassen, in Scheiben schneiden; mit 1/2 feingewürfelter Zwiebel, 1/2 gepreßten Knoblauchzehe und 1 EL gehackter Petersilie in 1 EL Butter andünsten, salzen, pfeffern.
Das Geflügel damit füllen.

Hühner-Frikassee nach dem Grundrezept auf S. 76 wird so zur Spezialität:

Sonntags-Frikassee, schweizerisch

200 g in Streifen geschnittene, gepökelte Rinderzunge und 300 g gegarte Spargelstücke in den letzten 10 Minuten mitkochen lassen.

Hühner-Frikassee "Kopenhagen", dänisch

In der Soße 100 g Doppelrahmfrischkäse auflösen. Mit etwas Aquavit und reichlich frischgemahlenem Pfeffer sowie säuerlicher Konfitüre abschmecken.

Hühnerfrikassee, polnisch

Die Garflüssigkeit mit Marinade von Pfeffergurken und mit Sardellenfilet würzen. Fertige Soße pikant mit zerdrückten eingelegten Pfefferkörnern, kleingewürfelter Pfeffergurke und Zitronensaft würzen.

Pute gart man nach dem Grundrezept auf Seite 77.
Hier noch einige Variationen:

Pute in Kronsbeer- (oder Preißelbeer-) Soße, englisch

Die fertige Soße mit sehr viel (bis zu 500g) Kronsbeer- oder Preißelbeerkompott sowie Südwein - wie Madeira oder Portwein - verändern.

Pute in Gemüsesoße

(Belgien)

400 g Rosenkohl, 250 g Champignons,
400 g geschälte Tomaten aus der Dose,
1 Zwiebel, 1 Knoblauchzehe, Salz,
frischgemahlener Pfeffer,
beliebiges Paprikapulver, Suppenwürze,

1 Baby-Pute, 60 g fetter Räucherspeck,
1 Beutel Feinkost-Bratensoße.
Garzeit ca. 2,5 Stunden
Nährwert ca. 500 kcal = 2092 kJ

Rosenkohl und Pilze mit den Tomaten in den gewässerten RÖMERTOPF geben. Zwiebeln und Knoblauch abziehen, hacken und mit den Gewürzen darüberstreuen. Die Pute innen und außen salzen und pfeffern und auf das Gemüsebett heben; mit dünnen Speckscheiben belegen. Den Topf schließen. Zum Schluß die Pute warmstellen und das Gemüse mit der Feinkost-Bratensoße vermischen.

Reichen Sie Kartoffelknödel zur Pute.

Sehen Sie auch hier, ehe Sie an unsere Spezialitäten gehen, das Grundrezept für Gänsebraten auf Seite 78 an.

Gans mit norddeutscher Füllung

1 Kilo säuerliche Äpfel vom Kerngehäuse befreien, kleinschneiden und mit 200 g Rosinen mischen; in die Gans füllen.

Gans mit Reisfüllung, schweizerisch

Gänseherz und Leber sowie 200 g kleingeschnittene oder geriebene Rinderleber mit 200 g gegartem Reis, einer geriebenen Zwiebel und 2 Eiern mischen; salzen, in die mit einer Knoblauchzehe ausgeriebene Gans füllen.

Gans, norddeutsch gefüllt

1 säuerlichen Apfel schälen, vom Kerngehäuse befreien, in Scheibchen schneiden. Mit 1/2 Tasse Lebkuchen- oder Schwarzbrotbröseln und 2 EL Rosinen füllen. Mit Brühe und etwas Kornschnaps befeuchten.
Mit Salz, Pfeffer und einer Spur Zimtpulver würzen, mit 1/2 geriebenen Zwiebel schärfen.
In die Gans füllen.

Gänseklein, skandinavisch

Das Gänseklein nach Grundrezept auf S. 78 bereiten, jedoch Backobst einweichen und mitschmoren.

Gefüllter Gänsehals

(Schweiz)

1 Gänsehals, 175 g gegarte Eßkastanien (evtl. aus der Dose), 1 Brötchen,
250 g gemischtes Hackfleisch,
50 g mageren Räucherspeck,
1 Gänseleber, 2 Möhren, 1 Zwiebel,
Salz, Currypulver, Majoran,
1 EL gehackte Petersilie, 1 Ei,
1 EL Butter, 1 EL Gänseschmalz.
Garzeit gut 1 Stunde
Nährwert ca. 500 kcal = 2093 kJ

Den Gänsehals waschen; vorsichtig die Haut von Knochen und Knorpeln abziehen; an einem Ende zunähen. Das eingeweichte, ausgedrückte Brötchen mit Hackfleisch, geschnittenem Speck, Gänseleber, geschnittenen Möhren und Zwiebel im Mixer zerkleinern oder durch den Fleischwolf treiben; mit Salz, Curry, Majoran und Petersilie würzen und mit dem Ei verkneten. Die Farce kurz in der Pfanne mit Butter anschmoren und in den Gänsehals stopfen; nun auch am anderen Ende zunähen. In den RÖMERTOPF legen und die Kastanien darumsetzen;
das Gänseschmalz darauf verteilen; den Deckel auflegen.

Der Hals kann heiß zu Gemüse oder Kartoffelbrei oder kalt aufgeschnitten zu Toast gereicht werden.

Straßburger Gänsetopf

1.000 g Gänsestücke, 2 EL Gänseschmalz,
1 Dose Weinsauerkraut, 2 EL Quittengelee,
1 Glas Calvados (Apfelschnaps),
1 Tasse Apfelsaft, Apfelwein oder Weißwein,
1 Zwiebel, 4 Gewürznelken, 1 Lorbeerblatt,
1 Knoblauchzehe, Salz, Pfeffer,
1 EL Honig.
Garzeit 2,5 bis 3 Stunden
Nährwert ca. 800 kcal = 3350 kJ

Die Gänsestücke waschen, trockentupfen; in der Pfanne im Gänseschmalz von allen Seiten anbraten. Das Sauerkraut zerpflücken, in den gewässerten RÖMERTOPF geben, mit Quittengelee und Calvados vermischten Apfelsaft darübergießen. Die Zwiebel enthäuten, halbieren und mit Nelken, geviertelтem Lorbeerblatt und Knoblauchzehe bestecken, dazulegen. Salzen und pfeffern, den Honig beigeben. Das Fleisch darauflegen. Den Deckel wässern und den Topf schließen. Nach der Garzeit vorsichtig die gewürzbesteckten Zwiebelhälften entfernen. Das Fleisch auf einer vorgewärmten Platte bereithalten. Währenddessen das Kraut mit der Gabel zerpflücken und nachwürzen.

Im Elsaß serviert man Kümmel-Kartoffeln dazu.

Ente auf Obst-Sauerkraut

(Elsaß)

1 Ente, 750 g Sauerkraut,
250 g gemischte Früchte
(evtl. Cocktailfrüchte oder chinesischer Obstsalat aus der Dose),
1 frische oder marinierte Paprikaschote,
1 TL Suppenwürze, Salz,
frischgemahlener Pfeffer, 1/4 l Brühe,
2 TL Speisestärke.
Garzeit ca. 2 Stunden
Nährwert ca. 950 kcal = 3990 kJ

Die Ente innen und außen waschen, in Portionen teilen. Das Sauerkraut mit den Früchten und der zerkleinerten Paprikaschote vermischen; in den gewässerten RÖMERTOPF geben und mit Suppenwürze bestreuen. Die Entenstücke darauflegen, salzen und pfeffern; mit 1 Tasse Wasser begießen. Den Topfdeckel auflegen. Am Ende der Garzeit die Fleischstücke herausnehmen, warmstellen oder noch überbräunen.
Das Kraut mit der in Brühe angerührten Speisestärke binden, abschmecken und zur Ente reichen.

Dazu schmecken Kartoffelknödel.

Tauben-Topf

(Böhmen)

50 g fetter Räucherspeck, 4 Tauben,
1 Zwiebel, 1 EL gehackte Petersilie,
etwas Thymian, etwas abgeriebene Schale von naturreiner Zitrone,
Saft von 1/2 Zitrone, Salz,
frischgemahlener Pfeffer, 2 Tassen Brühe,
2 TL Speisestärke.
Garzeit: gut 1 Stunde
Nährwert ca. 250 kcal = 1046 kJ

Den gewässerten RÖMERTOPF mit Speckscheiben auslegen;
die gewaschenen Tauben teilen, darauflegen. Die geschälte Zwiebel fein reiben und mit Kräutern, Zitronensaft und -schale, Salz, Pfeffer und 1 Tasse Brühe vermischen; darübergießen. Den Topf schließen.
Soße vor dem Servieren noch einmal abschmecken und leicht mit Speisestärke - in der übrigen Brühe anrühren - binden.
Verfeinern können Sie den Taubentopf, wenn Sie 1 Tasse Weißwein mitverwenden und mit Butterflöckchen binden.

Tauben pikant gebraten, skandinavisch

Die Tauben über Nacht in Weinessigwasser mit Wacholderbeeren, zerriebenem Lorbeerblatt und gehackter Zwiebel einlegen. Mit Speckstreifen gespickt braten.

Geflügel aller Art liebt man in den Ländern rund ums Mittelmeer und bringt es sehr häufig auf den Tisch.
Freilebende Tiere mit ihrem kräftigen, schmackhaften Fleisch sind dort überall zu haben.
Auch bei uns werden sie immer öfter angeboten und sind besonders zu empfehlen. Huhn wird sehr gerne auf Gemüse, auch auf Reis gegart, und praktisch immer schon in Stücke geschnitten. Weil man im Süden nicht so große Fleischportionen erwartet, die Hühner meist auch beim Schlachten größer sind als bei uns, reicht ein solches Freilufthuhn von ca. 1200 g Gewicht für 4 Esser.
Hier eine Auswahl der besten Geflügelrezepte mit südlichem Flair.
Weitere finden Sie bei
Wild (Geflügel).

Huhn, gefüllt

(Spanien)

1 Huhn, Salz, frischgemahlener Pfeffer,
etwas Rosmarinpulver, 2 EL Öl,
Hühnerleber, Herz und Magen, 2 Eier,
1 TL Trocken-Kräutermischung der Provence, 50 g gehackte Mandeln,
50 g Weißbrot, 1 Tasse Würfelbrühe,
4 EL Sherry, trocken.
Garzeit ca. 1,5 Stunden
Nährwert ca. 400 kcal = 1674 kJ

Das gewaschene Huhn innen und außen mit in Öl verrührtem Salz, Pfeffer und Rosmarin einpinseln.
Die Innereien kleinschneiden, mit Eiern, Kräutern, Mandeln und gewürfeltem Weißbrot mischen, mit Salz und Pfeffer abschmecken;
in die Bauchhöhle füllen;
die Öffnung zustecken.
Das Huhn in den gewässerten RÖMERTOPF legen und mit 1/2 Tasse Brühe begießen;
Deckel auflegen. Nach 1 Stunde die restliche, erwärmte Flüssigkeit zugießen. Huhn im offenen Topf überbraten, dabei einmal wenden.

Dazu passen Reis oder Brot.

Gefülltes Huhn Gourmet-Art, französisch

Das Huhn mit einer Mischung aus halbierten und entkernten Trauben und vorbereiteten Pilzen füllen.
Mit Weißwein aufgießen.

Gefülltes Huhn, griechisch

Herz und Leber kleinschneiden, mit Zwiebelwürfeln in etwas Öl in der Pfanne anschmoren; 4 EL Reis dazugeben, unter Bewegen mit anlaufen lassen; mit 1 Tasse Brühe aufgießen, 5 Minuten bei kleiner Hitze köcheln lassen; mit 1 EL Rosinen und 1 EL Pinienkernen oder Mandeln vermischen. In das innen und außen mit Salz, Pfeffer und gepreßtem Knoblauch eingeriebene Huhn füllen; nach Grundrezept gefülltes Huhn garen.

Hühner kann man natürlich auf dem Herd kochen. Doch ganz ohne Beaufsichtigung geht es im RÖMERTOPF.
Die milde Hitze läßt das Fleisch herrlich zart werden und hier ist so wenig Flüssigkeit nötig, daß kräftige, allerbeste Brühe entsteht. Die Garzeit richtet sich nach dem Alter des Tieres.
Junge Hühner brauchen nur gut 1 Stunde, bei Suppenhühnern muß man rund 2 Stunden oder mehr rechnen.

Gekochtes Huhn, italienisch

Das geviertelte Huhn in einem Sud aus 1/4 Brühe und 1/4 Weißwein in den RÖMERTOPF geben. Den Sud mit 1 zerkleinerten Stange Sellerie, 3 Knoblauchzehen, 1 Gewürznelke, 1/2 Lorbeerblatt, 3 Pfefferkörnern, viel gehackter Petersilie und etwas Thymian garen.

Kalt oder warm mit Grüner Soße und kräftiger Knoblauchmayonnaise reichen.

Gekochtes Huhn in Walnuß-Soße, türkisch

Das Huhn lt. vorigem Rezept, jedoch ohne Wein, nur in Brühe garkochen. 150 g Weißbrot in 3 Tassen heißer Hühnerbrühe einweichen. 125 g Walnußkerne fein reiben, mit 3 EL Walnußöl vermischen. Mit viel zerkleinerter Petersilie, gehacktem Knoblauch, Salz und Pfeffer würzen. Alles glattrühren, zu den warmgehaltenen Fleischstücken reichen.

Gekochtes Huhn mit Oliven, nordafrikanisch

Die Hähnchenteile vor dem Kochen in der Pfanne in Öl angebräunen.
Zur Hälfte der Garzeit etwas abgeriebene Schale von naturreiner Orange, Orangensaft, 1 Bund vorbereitetes Suppengemüse und etwas Ingwer zugeben. Das fertige Gericht mit viel Pfeffer abschmecken, 100 g geviertelte, entsteinte Oliven und 4 EL gehackte Petersilie einrühren.
Zuletzt noch 15 Minuten im offenen Topf die Soße einkochen lassen.

Brathähnchen auf Gemüse-Reis, Kroatien

1 großes Hähnchen, Salz, frischgemahlener Pfeffer, etwas geriebene Muskatnuß, 1 EL Öl, 1 große Zwiebel, 2 Möhren, 2 Tomaten, 1/2 zerkleinertes Lorbeerblatt, 2 1/2 Tassen Würfelbrühe, 1 Tasse Reis.

Garzeit ca. 75 Minuten

Nährwert ca. 350 kal = 1465 kJ

Das Hähnchen vierteln, waschen, trockentupfen. Die Gewürze mit Öl vermischen; das Fleisch damit einreiben. Zwiebel, Möhren und Tomaten zerkleinern und mit Lorbeerblatt in den gewässerten RÖMERTOPF geben; das Geflügel darauflegen, mit 1 Tasse Brühe begießen und den Topf schließen.

Nach 45 Minuten den im Sieb kalt abgespülten Reis und die übrige Brühe unter das Gemüse mischen. Die Hähnchenteile wieder darauflegen, fertiggaren.

Huhn auf gemischtem Gemüse, türkisch

Je ca. 150 g vorbereitete Möhren, grüne Bohnen, Zucchini und Blumenkohlröschen in den RÖMERTOPF geben; mit roten Zwiebelwürfeln und Knoblauchwürfeln bestreuen.
Mit Salz, Paprikapulver und einer Spur Zimt würzen; mit Brühe begießen; mit den Hühnerteilen belegen.
Zu Brot reichen.

Huhn auf Gemüse, libanesisch

Die Hühnchenteile auf einem Bett von - zu gleichen Teilen gemischten - Kartoffeln, Möhren, Paprikaschoten und Tomaten garen.
Mit Olivenöl beträufeln, mit Salz, Paprikapulver, Oregano und Pfefferminze würzen.

Huhn auf Paprika, griechisch

Die Hühnerteile auf einem Bett von vorbereiteten Paprikaschoten und Olivenscheiben garen. Mit Zitronensaft, Petersilie und gehackten Mandeln verfeinern. Mit Salz, Pfeffer und Knoblauch würzen.

Huhn mit Käsehaube, türkisch

In den letzten 10 Minuten das Fleisch mit Scheiben von Schafskäse belegen, im offenen Topf überbacken.

Weißweinhuhn mit Estragon

(Frankreich)

1 Huhn, Salz, frischgemahlener Pfeffer,
2 Knoblauchzehen, 4 EL Olivenöl,
2 Tomaten, 2 EL frischen oder 2 TL
getrockneten Estragon, 1/4 l Weißwein,
100 g saure Sahne,
1 TL Pastis oder Pernod.
Garzeit gut 1 Stunde
Nährwert ca. 400 kcal = 1674 kJ

Das Huhn vierteln; alle Teile waschen, mit Salz und Pfeffer einreiben. Knoblauch pressen und Öl damit würzen, Fleisch einpinseln.
Die Tomaten enthäuten, vierteln und in den gewässerten RÖMERTOPF legen; die Hühnerteile daraufgeben. Mit Estragon bestreuen, mit Wein aufgießen, den Topf schließen. Nach 30 und 40 Minuten das Fleisch mit etwas Bratfond beschöpfen, nach Geschmack etwas erwärmten Wein zugeben. Zuletzt saure Sahne einrühren und die Soße mit Salz, Pfeffer und Pastis würzen.

In Frankreich ißt man dazu Kartoffelgratin oder Weißbrot.

Burgunder-Huhn
(Frankreich)

2 Hähnchen, Salz, frischgemahlener Pfeffer, Zitronensaft, 50 g durchwachsener Räucherspeck, 125 g saure Sahne, 125 g guter Rotwein wie Burgunder, 1 Zwiebel, 1 Lorbeerblatt, 1 Bund Petersilie, etwas Thymian, Estragon und Muskat, 250 g Champignons, 2 EL Weinbrand.
Garzeit ca. 1,5 Stunden
Nährwert ca. 500 kcal = 2093 kJ

Geflügel waschen, salzen, pfeffern und mit Zitronensaft beträufeln; in den gewässerten RÖMERTOPF legen, mit dünnen Speckscheiben bedecken.
Saure Sahne mit Wein und der enthäuteten, gehackten Zwiebel mischen, salzen und pfeffern; mit allen Kräutern und den Pilzen in den Topf geben, Deckel schließen. In den letzten 10 Minuten den Speck abnehmen und die Hähnchen im offenen Topf überbräunen. Die Soße mit Salz, Pfeffer und Weinbrand abschmecken.

Dazu schmecken Kartoffelkroketten.

Huhn in Zitrone, griechisch

Die Hühnerviertel gut salzen und pfeffern, mit Öl bepinseln, in den gewässerten RÖMERTOPF legen.
1 Zwiebel und 1 Möhre zerkleinern, mit 5 halbierten Knoblauchzehen, 1/8 l Weißwein und dem Saft von 1 Zitrone dazugeben. Den Topf schließen. Nach gut 1 Stunde mit viel Petersilie würzen und servieren.

Huhn auf Feigen, syrisch

Die vorbereiteten Hühnerteile auf 1.000 g in Scheiben geschnittenen Feigen anrichten; mit 2 gewürfelten Tomaten, 1 gehackten Zwiebel und 50 g Pinienkernen bestreuen; mit Salz, Pfeffer und etwas Koriander würzen.
Mit Brühe begießen.

Huhn mit Mandeln, türkisch

50 g kleingeschnittenes Weißbrot in den gewässerten RÖMERTOPF legen, mit 50 g gehackten Mandeln bestreuen. Die Innereien kleinschneiden.
6 Knoblauchzehen und 2 Zwiebeln abziehen, hacken, daraufstreuen.
Mit Koriander, Salz und Paprikapulver würzen. Mit 1 Tasse Brühe begießen und garen.

Huhn in Thunfischsoße, italienisch

Wie Kalbfleisch in Thunfischsoße, Rezept Seite 52, bereiten.

Huhn mit Paprika, spanisch

Je 1 rote und grüne Paprikaschote und 100 g zerkleinerten rohen Schinken mitgaren. Mit Weißwein aufgießen. Die Soße mit Weinbrand und gepreßtem Knoblauch abschmecken.

Tomaten-Huhn, griechisch

Würfel von 4-5 geschälten Tomaten in den letzten 10 Minuten mitgaren, das Frikassee mit Basilikum, gehacktem Knoblauch und 1 Spur Zimtpulver bestreuen, mit Weißwein aufgießen.

Als Beilage reichen Sie Teigwaren.

Zum Grundrezept gefüllte Pute von Seite 77.

Pute mit Kastanienfüllung, französisch

50 g fetten Räucherspeck würfeln, ausbraten. Eßkastanien aus der Dose darin anschmoren, dann kleinhacken, mit 2 EL Obstschnaps würzen.

Pute Caballero-Art, spanisch

1 eingeweichtes, ausgedrücktes Brötchen mit 200 g Tatar vermengen;
mit 5 zerdrückten Wacholderbeeren, Thymian und Majoran pikant abschmecken. Mit Rotwein aufgießen.

Pute mit Pilzen, spanisch

Hier werden mit der Pute Caballero-Art in den letzten 30 Garminuten noch Steinpilze mitgeschmort (Trockenpilze vorher einweichen).

Ente Nizza
(Frankreich)

1 Ente, Salz, frischgemahlener Pfeffer,
1 Knoblauchzehe, 1000 g Tomaten,
300 g Oliven ohne Steine,
1 Likörglas Weinbrand, 1/8 l Weißwein,
etwas Rosmarin und Thymian.
Garzeit ca. 1,5-2 Stunden
Nährwert ca. 1000 kcal = 4186 kJ

Die Ente waschen, trockentupfen, innen und außen gut mit Salz, Pfeffer und gepreßtem Knoblauch einreiben.
Die Tomaten enthäuten, in Scheiben zerteilen. Die Oliven vierteln. Alles in den gewässerten RÖMERTOPF geben, mit Weinbrand und Wein begießen, mit den Gewürzen bestreuen. Den Topf schließen. Während der letzten 30 Garminuten den Deckel abnehmen, Temperatur auf 225 bis 250 Grad hochstellen.

Ofenkartoffeln passen besonders gut, Weißbrot oder Reis schmecken auch dazu.

Ente mariniert süß-sauer, italienisch

Die vorbereitete Ente rund 1 Tag in einer Marinade aus leichtem Essigwasser, Salz, je 3 gehackten Zwiebeln und Selleriestangen Aroma nehmen lassen, dann vierteln; auf dem marinierten Gemüse in den gewässerten RÖMERTOPF legen; mit 1/4 l Wein begießen.
50 g Rosinen mitgaren. Die fertige Soße mit wenig Salz, viel Pfeffer, 50 g gehackten Pinienkernen und 20 g geriebener bitterer Schokolade apart abschmecken.

Ente mit Kirschen, französisch

In die vorbereitete Ente einen Thymianzweig stecken; auf einem Bett aus 1 gehackten Zwiebel, 1 gehackten Möhre, 100 g Hühnerleber, 500 g gedünsteten Sauerkirschen und 5 EL Sherry garen.

Ente mit Tomaten, italienisch

500 g geschälte Tomaten in den gewässerten RÖMERTOPF geben; mit viel Basilikum bestreuen, salzen und pfeffern. Die Ente vierteln, mit 100 g kleingeschnittenem mageren Schinken und 4 EL gehackter Petersilie bestreuen. Mit wenig Brühe schmoren.

Variationen zum Rezept gefüllte Gans von Seite 81.

Gans mit Kastanien-Füllung

500 g geschälte Eßkastanien mit gehackter Petersilie vermischen, in die Gans füllen.

Gans mit raffinierter Füllung

Die Eßkastanien mit 150 g zerpflückter Ananas vermischen.

Huhn mit Schinken in Rum-Sahne (Karibik)

200 g Hühnerbrüstchen,
200 g gekochter Schinken,
1 EL gehackte Petersilie, Salz,
viel frischgemahlener Pfeffer, 2 TL Öl,
1 Mango, 6 EL Brühe, 1 EL Rosinen,
2 Tomaten, 50 g Kokosraspel, 150 g Sahne,
2 EL Rum.
Garzeit ca. 45 Minuten
Nährwert ca. 450 kcal = 1883 kJ

Das vorbereitete Fleisch und den von Schwarte und Fettrand befreiten Schinken in Scheibchen schneiden, in den gewässerten RÖMERTOPF geben; mit Petersilie bestreuen, salzen und pfeffern, mit Öl beträufeln. Den Topf schließen. Nach 25 Minuten die gewürfelte Mango, Brühe, Rosinen und enthäutete, geviertelte Tomaten sowie Kokosrapsel dazugeben, vorsichtig unterheben. Sahne halbsteif schlagen, mit Rum, wenig Salz und reichlich Pfeffer würzen, ebenfalls unterheben.

Reis oder Weißbrot schmecken dazu.

Curry-Huhn
(Indien)

1 Brathähnchen, 3 EL Öl, Salz,
frischgemahlener Pfeffer, etwas geriebene
Muskatnuß, Saft von 1 Zitrone,
1 TL Currypulver, 2 Apfelsinen,
1 TL Ingwerpulver, etwas Mango-Chutney,
1/4 l saure Sahne, 1 Eigelb.
Garzeit gut 1 Stunde
Vorbereitungszeit mind. 1 Stunde
Nährwert ca. 400 kcal = 1674 kJ

Das Hähnchen säubern, teilen; Öl mit Pfeffer und Muskat, Zitronensaft und Curry verrühren, darüberträufeln, mindestens 1 Stunde marinieren; in den gewässerten RÖMERTOPF geben und diesen schließen. Nach 45 Minuten die ausgelösten Apfelsinenfilets, Ingwer, Mango-Chutney und leicht gesalzene, angewärmte saure Sahne darüber verteilen. Mit dem verquirlten Eigelb binden.

Reichen Sie Reis oder Fladenbrot.

Huhn in Joghurt
(Thailand)

1 mittelgroßes Suppenhuhn oder
1 Brathähnchen,
2 Bund Suppengemüse, 1/2 l Joghurt,
2 Knoblauchzehen, 4 EL Zitronensaft,
Salz, frischgemahlener Pfeffer,
2 EL Currypulver, 1 Eigelb,
1 EL Butter, 1 EL Mehl.
Garzeit je nach Huhn, ca. 2 Stunden
Nährwert ca. 400 kcal = 1674 kJ

Das Huhn achteln, die Stücke gut waschen, in den gewässerten RÖMERTOPF legen. Das Suppengemüse zerkleinern, etwas Petersilie zurücklassen; zum Huhn geben und mit Joghurt aufgießen. Mit gepreßtem Knoblauch, 2 EL Zitronensaft, Salz, Pfeffer und 1 EL Currypulver würzen. Den Topf schließen.
Gegartes Huhn aus der Brühe nehmen, das Fleisch von den Knochen lösen und kurz unter fließendem Wasser abbrausen, grob zerschneiden.
Den Sud durch ein Sieb gießen. Die festen, geronnenen Joghurtteile sowie das ausgekochte Suppengemüse wegwerfen; sie haben alles Aroma abgegeben.
Die Soße mit dem übrigen Zitronensaft und Curry sowie Salz abschmecken; Mehl mit Butter verkneten und damit sowie mit Eigelb die Soße binden; die restliche gehackte Petersilie beimischen.

Reichen Sie hierzu Petersilienreis.

Hühner-Tortillas, mexikanisch

Wie Frühlingsrollen (Rezept S. 99) bereiten, jedoch für die Füllung 200 g Hühnerbrust in etwas Öl in der Pfanne anbraten, zerkleinern, mit gehackter Zwiebel und Knoblauch mischen und nochmals anbraten.
Mit Chili-Chutney, viel Tabasco und Tomatenmark würzen.

Ente süß-sauer
(China)

500 g Entenbrust, 2 EL Öl,
1 kleine Dose Ananasstücke,
1 kleine Dose geschälte Tomaten,
1 EL Zucker, 2 TL Essig,
1 TL Ingwerpulver, 1 EL Currypulver,
2 Knoblauchzehen, 1 Zwiebel, Salz,
1 EL gehackte Petersilie, 2 EL Sojasoße.
Garzeit ca. 1 Stunde
Nährwert ca. 500 kcal = 2092 kJ

Die Haut von der Entenbrust ablösen, das Fleisch in sehr feine Plättchen, die Haut in Streifen schneiden. Beides in der Pfanne mit Öl portionsweise sehr kross anbraten; in den gewässerten RÖMERTOPF geben. Die Ananasstücke und Tomaten mit Saft dazugeben, Gewürze beimischen.
Knoblauch und Zwiebel enthäuten, den Knoblauch dazupressen, die Zwiebel in feine Ringe hobeln.
Alles sehr vorsichtig unterziehen.
Zuletzt salzen und den Topf schließen.
Das fertige Gericht mit Petersilie und Sojasoße abschmecken.

Reis ist die traditionelle Beilage.

MEINE EIGENEN RÖMERTOPF-REZEPTE:

ZUBEREITUNG:

ZUTATEN:

ZUBEREITUNG:

ZUTATEN:

ZUBEREITUNG:

ZUTATEN:

HACKFLEISCH UND ORIGINELLES IN VARIATIONEN.

Ob Hackfleisch oder Innereien: diese relativ preiswerten Fleischarten werden in allen Volksküchen begeistert verwendet und originell zubereitet. Und wie immer, wenn mit Liebe gekocht wird, ist das Ergebnis ein echtes Gaumenfest. Sie können nach eigenen Vorlieben abwandeln. Die Mediterranen verwenden Hackfleisch meist für Aufläufe und für gefülltes Gemüse. Die Rezepte ähneln sich überall. Natürlich wird im islamischen Gebiet Lamm- statt Schweinefleisch verwendet, ersetzt man zum Aufgießen den im Westen verwendeten Wein durch zitronengesäuerte Brühe oder durch verdünnten Joghurt.

Die Gewürze werden nach Osten und zu Nordafrika hin exotischer. Da darf auch mit Kreuzkümmel und Kurkuma, mit Ingwer und Zimt gewürzt, kann mehr Knoblauch verwendet werden. Rosinen sind ebenfalls öfter zu finden.
Gefüllte Tomaten, Paprikaschoten, Auberginen, Gurken, Zwiebeln und Kohlrabi werden nach Grundrezept bereitet; Franzosen und Italiener mischen die Brühe zum Aufgießen zur Hälfte mit Wein, am östlichen Mittelmeer wird mit Joghurt variiert.

Hackbraten mit Käse

(Holland)

1 Brötchen, 600 g gemischtes Hackfleisch,
2 Eier, 1 große Zwiebel, 1 Knoblauchzehe,
Salz, frischgemahlener Pfeffer,
etwas abgeriebene Schale von naturreiner Zitrone, 125 g Gouda,
1 EL gehackte Petersilie, 30 g fetter Speck,
1 Tasse Brühe,
1 Fleischtomate, 2 TL Speisestärke.
Garzeit ca. 75 Minuten
Nährwert ca. 600 kcal = 2511 kJ

Das Brötchen einweichen, gut ausdrücken; mit dem Hackfleisch sowie 1 Ei und 1 Eidotter verkneten; die Zwiebel häuten, hacken, Knoblauch pressen, beides zugeben. Mit Salz, Pfeffer und Zitronenschale würzen. Den Käse fein würfeln, mit der Petersilie untermischen. Aus der Masse einen länglichen Kloß formen und in den gewässerten RÖMERTOPF legen; mit dem übrigen Eiweiß bepinseln, mit dünnen Speckstreifen belegen, Topf schließen.
Zum Schluß heiße Brühe angießen und die geschälte, gewürfelte Tomate dazugeben. In den letzten 10 Minuten im offenen Topf überbräunen.
Die Soße abschmecken, mit angerührter Speisestärke binden.

Hackbraten, schweizerisch

In die Mitte vom Hackfleischkloß 2 hartgekochte Eier legen. Den Fleischteig mit gehackten Sardellen würzen. Auf den Speck verzichten, den Braten mit Butterflöckchen und Semmelbröseln überkrusten.

Hackbraten, ungarisch

Nur 500 g Hackfleisch und dazu 500 g vorbereitete, in Streifen geschnittene Paprikaschoten verwenden.
Paprikastreifen und Zwiebeln werden vor dem Einkneten in Schweineschmalz angeschmort. Den Fleischteig pikant mit mildem und scharfen Paprikapulver würzen.

Kohlrouladen

Überall in Europa mit Variationen beliebt.

Äußere Blätter und das Herz eines Weißkohlkopfes, 375 g gemischtes Hackfleisch,
1 Ei, 1 Zwiebel, Salz,
frischgemahlener Pfeffer,
geriebene Muskatnuß, gehackte Petersilie,
1/4 l Würfelbrühe, 2 TL Speisestärke,
100 g saure Sahne.
Garzeit ca. 70 Minuten
Nährwert ca. 400 kcal = 1674 kJ

Vorsichtig die äußeren Blätter eines Kohlkopfs ablösen; gut waschen und mit kochendem Wasser überbrühen. Die dicken Rippen etwas dünner schneiden, damit sie beim Einrollen nicht stören. Ca. 250 g von den inneren Kohlteilen im Mixer zerkleinern; mit dem Hackfleisch verkneten; mit Ei, gehackter Zwiebel, Salz, Pfeffer, Muskat und Petersilie zu einem Fleischteig vermischen.
Je 2 Kohlblätter überlappend nebeneinanderlegen; 3 EL Füllung in die Mitte geben; zusammenrollen und mit weißem Baumwollgarn binden; in den

lt. Vorwort gewässerten RÖMERTOPF legen. Mit der Brühe begießen und den Topf schließen.
Die Soße mit der in saurer Sahne verquirlten Speisestärke binden, abschmecken.

Dazu passen Salzkartoffeln.

Kohlrouladen in Tomatensoße, österreichisch

Statt anderer Flüssigkeit 1 kleine Dose geschälte Tomaten um das Fleisch gießen.

Kohltopf

1 Kopf Weißkohl,
500 g gemischtes Hackfleisch, 1 Zwiebel,
1 Ei, Salz, edelsüßes Paprikapulver,
1 TL Majoran, 200 g magerer Räucherspeck,
1 EL Butter.
Garzeit ca. 1,5 Stunden
Nährwert ca. 800 kcal = 3348 kJ

Vorsichtig die großen Blätter vom Kohl lösen und damit 1 cm dick den gewässerten RÖMERTOPF auslegen.
500 g Weißkohl aus dem Innenstück hacken und mit dem Hack, der geschnittenen Zwiebel, Ei, Salz, Paprika und Majoran zum pikanten Teig verarbeiten. Den Speck fein schneiden, untermischen. Masse auf die Kohlblätter streichen, mit weiteren Kohlblättern abdecken, mit Butterflöckchen besetzen und Topf schließen.

Reichen Sie Salzkartoffeln als Beilage.

Gefüllte Äpfel

sind eine besonders delikate Vorspeise.

Dazu säuerliche Äpfel schälen, das Kernhaus ausstechen. Bratenreste zerkleinern, mit einer Prise Zucker, etwas Sojasoße, 1 feingehackten Gewürzgurke, geriebener Zwiebel, Semmelbröseln, 1 Eidotter zur pikanten Masse verkneten, in die Äpfel füllen; in den gewässerten RÖMERTOPF geben. Übrige Fleischfarce als Hauben daraufschichten, mit Butterflöckchen belegen.

Zur Vorspeise reichen Sie Toast und Butter.

Pikante Spieße

Hier dürfen Sie aufspießen, was Ihnen schmeckt: Für 4 Personen sollten es 4 verschiedene Zutaten sein und zwar jeweils 200 g Schweinelende paßt immer, dazu Würstchen, Leber- oder Nierenscheiben. Würfel von gekochtem Schinken oder Kasseler Fleisch geben Aroma und sind schön saftig. Zwiebeln (evtl. auch Silberzwiebeln) gehören dazu. Tomatenachtel, Gewürzgurkenstücke, Paprikastücke und Würfelchen von Früchten geben Frische. Statt Fleisch können auch Fisch- oder Käsewürfel aufgespießt werden.

Garzeit ca. 30 Minuten
Nährwert je nach Zutaten

Alles abwechselnd auf Spieße reihen, nebeneinander in den gewässerten RÖMERTOPF legen und Deckel schließen.
Zwischendurch 1 x mit knoblauchgewürztem Öl bepinseln.
Mit Würzsoßen oder Meerrettich oder Senf reichen.

Gefüllte Tomaten

und anderes Gemüse wie Paprikaschoten, Gurken, Auberginen, Zwiebeln, Kohlrabi.
Überall in Europa gebräuchlich.

750 g gleichgroße Tomaten,
500 g Rinderhack (kann auch ganz oder teilweise durch kleingeschnittene Bratenreste ersetzt werden), 1 Zwiebel,
1 Eigelb,Salz,
frischgemahlener Pfeffer,
1 Knoblauchzehe, 200 g saure Sahne.
Garzeit ca. 1 Stunde
Nährwert ca. 550 kcal = 2300 kJ

Tomaten waschen, vom Stielansatz befreien, ein Käppchen abschneiden und Früchte aushöhlen. Das Frucht- mit dem Hackfleisch, der gehackten Zwiebel und Eidotter mischen; mit Salz, Pfeffer und Knoblauch würzen, in die Tomaten häufen. Die Tomaten in den gewässerten RÖMERTOPF legen, mit der gesalzenen sauren Sahne begießen. Die "Deckelchen" kleinschneiden und dazugeben, den Topf schließen.

Gut schmecken dazu Salzkartoffeln, Kartoffelbrei oder Reis.

Kalbsherz in pikanter Soße

(Böhmen)

1 Kalbsherz, Salz, frischgemahlener Pfeffer,
50 g fetter Speck, 1 Zwiebel,
2 Wacholderbeeren, 1 Tasse Brühe,
1 Tasse Weißwein, etwas Zucker,
1 EL Butter.
Garzeit ca. 1,5 Stunden
Nährwert ca. 300 kcal = 1256 kJ

Das Herz achteln, gut waschen und trockentupfen; mit Salz und Pfeffer einreiben, mit Speckstreifen spicken; in den gewässerten RÖMERTOPF legen. Die geschnittene Zwiebel, Wacholderbeeren und Brühe dazugeben, den Topf schließen. Die Soße mit Weißwein, etwas Zucker und Butter verlängern, nach Geschmack leicht mit Mehl binden.

Achtung: Verwenden Sie Schweine- oder Rinderherz, verlängert sich die Garzeit!

Zu Herz passen Kartoffelbrei oder Salzkartoffeln und Salat.

Leber, bürgerlich

(Schweiz)

600 g Leber,
50 g durchwachsener Räucherspeck,
1 EL Mehl, 1 EL Butter, 1/4 l Rotwein,
200 g Zwiebeln, 200 g Möhren, 4 Tomaten,
Salz, frischgemahlener Pfeffer.
Garzeit ca. 1,5 Stunden
Nährwert ca. 400 kcal = 1674 kJ

Die Leber enthäuten und von restlichen Adern befreien, waschen, trockentupfen, mit Speck spicken und mit Mehl bepudern; von beiden Seiten in Butter anbraten, dann in den gewässerten RÖMERTOPF legen, mit Wein begießen. Zwiebeln, Möhren und Tomaten schälen. Die Zwiebeln hacken, die Möhren in Scheiben schneiden, die Tomaten achteln und entkernen, dazugeben. Mit Salz und Pfeffer würzen, den Topf schließen.

Kartoffelpüree oder Butternudeln passen zur Leber.

Hackfleisch-Soße Bolognese
(Italien)

Wer glaubt, daß die so gerne - und leider oft unzulänglich - zubereitete Hackfleischsoße ein Schnellgericht sei, wird staunen: in Italien, ihrer Heimat, kochte man sie noch in jüngster Zeit auf dem Land über Nacht. Das brauchte natürlich Aufsicht und die älteste Frau der Familie wachte über Topf und Herd.
Die ganze Nacht muß nicht sein, um die würzige Soße zur Vollendung zu köcheln. Mindestens 2 Stunden aber sollten Sie ihr gönnen. Ihr idealer "Aufpasser" ist der RÖMERTOPF. Verblüffen und begeistern Sie Familie und Freunde mit der "neuen" Soße Bolognese.

1 Bund Suppengemüse, 1/4 Stange Sellerie,
1 Zwiebel, 2 Knoblauchzehen,
50 g durchwachsener Räucherspeck,
2 EL Olivenöl, 250 g Rinderhackfleisch,
1 EL Mehl, 1/2 TL Trockenkräutermischung der Provence (oder gemischte frische Kräuter mit Thymian, Rosmarin und Salbei), Salz, Pfeffer, 1 große Dose geschälte Tomaten.
Garzeit 2 bis 3 Stunden bei 180 Grad
Nährwert ca. 350 kcal = 1464 kJ

Suppengemüse und Sellerie vorbereiten, Zwiebel und Knoblauch häuten und hacken. Speck in feine Würfel schneiden und in der Pfanne mit Öl anbraten, alles Gemüse und das Hackfleisch dazugeben, unter Zerpflücken anbraten; mit Mehl bestäuben, in den gewässerten RÖMERTOPF geben. Alle anderen Zutaten untermischen, den Topf schließen. Nach Bedarf etwas Brühe zugießen.

Ideal zu Teigwaren, aber auch zu Reis oder Polenta.

Moussaka (Griechenland)

800 g Auberginen, Salz, 2 Zwiebeln,
3 EL Olivenöl, 600 g Lammhackfleisch,
1 kleine Dose geschälte Tomaten,
1/8 l Weißwein, frischgemahlener Pfeffer,
etwas Zucker und Zimt, Oregano,
2 EL gehackte Petersilie, 100 ml Milch,
2 EL Semmelbrösel, 100 ml Sahne,
50 g geriebener Käse, 1 EL Mehl,
2 EL Zitronensaft, 2 Eidotter,
40 g Butter, geriebene Muskatnuß.
Garzeit ca. 1 Stunde
Nährwert ca. 400 kcal = 1674 kJ

Gewaschene Auberginen von den Enden befreien, in dicke Scheiben schneiden, mit Salz bestreuen.
10 Minuten liegenlassen, dann unter fließend kaltem Wasser abspülen und so die Bitterstoffe entfernen. Inzwischen Zwiebeln häuten, hacken und in der Pfanne mit Öl anbraten; das Hackfleisch beigeben, kurz anbräunen (dabei bewegen), mit den Tomaten und dem Wein aufgießen; kräftig mit Pfeffer, Salz, Zucker, Zimt, Oregano und Petersilie würzen. Die Semmelbrösel mit dem Käse vermischen; Milch und Sahne zum Kochen bringen, mit Zitronensaft, Salz und Pfeffer

würzen, unter Rühren den Käse darin auflösen.
Vorsichtig mit Muskat abschmecken, mit den in Wasser und Mehl verquirlten Eidottern binden. Den gewässerten RÖMERTOPF mit Butter ausstreichen, schichtweise Auberginenscheiben, Fleischsoße und weiße Soße einfüllen. Mit Butterflocken bestreuen, den Topf schließen.

Zu Moussaka gehört Fladenbrot oder Weißbrot.

Moussaka, türkisch

Die Auberginen zur Hälfte durch Zucchini ersetzen, mit viel gepreßtem Knoblauch und zerriebenen Lorbeerblättern würzen. Rosinen unter die Fleischsoße mischen. Den Wein durch Brühe und 2 EL Zitronensaft ersetzen. Statt weißer Soße knoblauchgewürzten, mit 1 Ei verquirlten Joghurt verwenden.

Wirsing-Moussaka

(Kroatien)

2 kleine Köpfe Wirsing, 2 Eier,
4 EL Mehl, 8 EL Milch, Salz,
2 Knoblauchzehen,
3 EL Schweineschmalz,
250 g gemischtes Hackfleisch,
2 Zwiebeln, frischgemahlener Pfeffer,
200 g saure Sahne.
Garzeit ca. 45 Minuten
Nährwert ca. 550 kcal = 2300 kJ

Den Wirsing putzen, vierteln, gut waschen und sehr gut abtropfen lassen. Aus Eiern, Mehl, Milch, Salz und gepreßtem Knoblauch einen Eierkuchenteig rühren.
Die Kohlviertel darin wenden; in der Pfanne im erhitzten Fett von allen Seiten anbraten, dann in den gewässerten RÖMERTOPF legen. Hackfleisch mit enthäuteten, feingehackten Zwiebeln, Salz, Pfeffer und saurer Sahne mischen und darübergeben.

Lamm-Auberginen-Topf

(Nordafrika)

1 Tasse Reis, 2 Tassen Würfelbrühe,
2 EL Zitronensaft, 600 g Auberginen,
Salz, 5 El Öl, 3 Zwiebeln,
3 Knoblauchzehen, 600 g Lammhack,
frischgemahlener Pfeffer,
etwas Pfefferminze, etwas Kurkuma,
etwas Zimt.
Garzeit ca. 1 Stunde
Nährwert ca. 650 kcal = 2720 kJ

Den Reis mit Brühe und Zitronensaft in den lt. Vorwort gewässerten RÖMERTOPF geben, Deckel auflegen. Die Auberginen vorbereiten - wie beim Moussaka beschrieben. Sehr gut trockentupfen, dann im Öl von beiden Seiten anbraten. Nach etwa 10 Minuten zum Reis geben. In der Pfanne im gleichen Fett die enthäuteten, gehackten Zwiebeln und Knoblauchzehen anschmoren. Sie werden mit dem Hackfleisch verknetet. Die Masse mit Salz, Pfeffer, etwas Minze, Kurkuma und Zimt pikant abschmecken, nach weiteren 10 Minuten auf den Auberginen verteilen.10 Minuten vor Garende den Deckel abnehmen.

Hackfleisch mit Joghurt
(Östliches Mittelmeer)

600 g Rinder- oder Lammhack, Salz, frischgemahlener Pfeffer, 2 Zwiebeln, 4 EL Öl, 2 EL gehackte Petersilie, 2 Tomaten, 2 Knoblauchzehen, 2 Kartoffeln, 2 Eier, 200 g Vollmilch-Joghurt, etwas Kreuzkümmel.
Garzeit ca. 45 Minuten
Nährwert 600 kcal = 2511 kJ

Das Hackfleisch mit Salz, Pfeffer und den gehackten Zwiebeln vermengen, in der Pfanne mit Öl anbraten und in den gewässerten RÖMERTOPF geben; mit Petersilie und Tomatenwürfeln sowie gehacktem Knoblauch bestreuen. Kartoffeln schälen, grob reiben, unterheben. Die übrigen Zutaten verquirlen, salzen und pfeffern, darübergießen. Den Topf schließen.

Reichen Sie dazu Fladenbrot.

Hackbällchen in Tomatensoße
(Östliches Mittelmeer)

600 g Lammhackfleisch, Paprikapulver, Salz, Pfeffer, Muskat, je 1 Prise Kardamom und Zimt, 1 TL abgeriebene Schale von naturreiner Zitrone, 1 Eigelb, 2 EL Rosinen, 4 EL gemahlene Mandeln, 2 Zwiebeln, 2 Knoblauchzehen, 2 EL Öl, 2 EL Mehl, 1 große Dose geschälte Tomaten.
Garzeit gut 45 Minuten
Nährwert ca. 600 kcal = 2511 kJ

Das Hackfleisch mit den Gewürzen, Zitronenschale, Eigelb, Rosinen und 2 EL Mandeln zu einer sehr pikanten, festen Masse verkneten. Zwiebeln und Knoblauch häuten, hacken, im Öl in der Pfanne anrösten und mit Mehl bestäuben. Die Tomaten dazugeben, unter Rühren kurz aufkochen; in den gewässerten RÖMERTOPF geben. Aus dem Hackfleisch Bällchen formen, gut zusammendrücken, in den übrigen Mandeln wenden, in die Soße legen. Den Topf schließen.

Dazu gehört Reis oder Kuskus.

Nudelauflauf Pastitsio
(Griechenland)

250 g beliebige Nudeln, Salz, 2 Zwiebeln, 2 Knoblauchzehen, 2 große Tomaten, 2 EL Olivenöl, 2 EL Mehl, 400 g Rinder- oder Lammhack, 1/8 l Milch, 1/8 l Weißwein, geriebene Muskatnuß, edelsüßes Paprikapulver, etwas Zimt, 30 g Butter, 100 g Schafskäse.
Garzeit ca. 45 Minuten
Nährwert ca. 750 kcal = 3138 kJ

Nudeln in reichlich Salzwasser nicht zu weich kochen. Indessen alles Gemüse vorbereiten und in der Pfanne mit Öl anbraten;
das Hackfleisch dazugeben, unter ständigem Zerpflücken anbräunen; mit dem Mehl bestäuben, mit Milch und Wein aufgießen, mit Salz, Muskat, wenig Paprika und Zimt abschmecken.
Den gewässerten RÖMERTOPF ausbuttern, schichtweise gut abgetropfte Nudeln und Fleischsoße einfüllen. Mit dem zerbröckelten Schafskäse und Butterflöckchen bedecken, den Topf schließen.

Schmackhafte Beilage sind Salate.

Weißkohltopf
(Türkei)

600 g Weißkohl, 3 Zwiebeln, 3 Knoblauchzehen, 3 EL Öl, 400 g Lamm- oder Rinderhackfleisch, Salz, frischgemahlener Pfeffer, sehr reichlich Paprikapulver, 1 Döschen Tomatenmark, 1/4 l Brühe,

100 g Schafskäse, 3 Eier,
2 EL gehackte Petersilie.
Garzeit ca. 1 Stunde
Nährwert ca. 450 kcal = 1883 kJ

Den Weißkohl waschen, gut abtropfen lassen. Zwiebeln und Knoblauch häuten, hacken und im Öl anbraten;
das Hackfleisch dazugeben und beim leichten Anbräunen mit zwei Gabeln zerpflücken. Den Weißkohl dazulegen und kurz mitschmoren;
mit den Gewürzen bestreuen und mit in Brühe vermischtem Tomatenmark aufgießen.
Abwechselnd in den gewässerten RÖMERTOPF geben. Den Schafskäse zerbröckeln, mit den Eiern, 4 EL Wasser, Pfeffer und Petersilie mischen und darübergießen. Den Topf schließen.

Dazu passen Reis oder Fladenbrot.

Bohnen-Zwiebel-Topf

(Serbisch)

200 g getrocknete weiße Bohnen,
500 g Zwiebeln, 4 Knoblauchzehen,
3 EL Olivenöl, 1/2 Lorbeerblatt,
1 Paprikaschote, 400 g Rinder- oder Lammhack, Salz, reichlich Paprikapulver,
1 EL gehackte Petersilie.
Garzeit ca. 2 Stunden bei 180 Grad
Bohnen 12 Stunden einweichen
Nährwert ca. 550 kcal = 2300 kJ

Die Bohnen 12 Stunden einweichen und mit dem Einweichwasser in den gewässerten RÖMERTOPF geben. Die Zwiebeln häuten, in dicke Ringe schneiden, mit den gehackten Knoblauchzehen im Öl kurz anschmoren, dann zu den Bohnen geben. Das Lorbeerblatt zerbrechen, untermischen. Die vorbereitete Paprikaschote kleinschneiden, mit dem Hackfleisch vermischen. Salzen und gut mit Paprika schärfen, die Petersilie unterkneten. Auf den Zwiebeln verteilen. Den Topf schließen.

Würzfleisch

(Pakistan)

500 g Rinderhackfleisch, 2 EL Öl,
1 Zwiebeln, ca. 10 Perlzwiebeln,
1 Bd Frühlingslauch, 1 Bd Lauch,
2 Knoblauchzehen, 1 Msp Safran,
2 EL Sojasoße,
je 1 kleine Prise Zimt und Nelkenpulver,
200 g Vollmilch-Joghurt.
Garzeit ca. 1,5 Stunden
Nährwert ca. 300 kcal = 1255 kJ

Das Hackfleisch im Öl mit den geachtelten Zwiebeln, Perlzwiebeln, Knoblauchzehen und Frühlingslauchringen anbraten, dann in den lt. Vorwort gewässerten RÖMERTOPF geben; mit den Gewürzen bestreuen, mit 1 Tasse Wasser und dem Joghurt aufgießen. Den Topf schließen.
Sehr scharf abschmecken oder Chilis mit in den RÖMERTOPF geben.

Würzfleisch mit Fladenbrot reichen.

Hack-Rolle

(Indonesien)

100 g feingehackter roher Schinken,
2 Eier, 400 g Schweinehackfleisch,
2 EL Rosinen, Salz, frischgemahlener Pfeffer,
2 EL Tomatenmark, 2 EL Tomatenketchup,
100 g kräftig gewürzte Würstchen,
1/4 l Brühe.
Garzeit ca. 1 Stunde
Nährwert ca. 750 kcal = 3138 kJ

Ein Ei hartkochen. Den Schinken mit Hackfleisch, Rosinen, Salz, Pfeffer, Tomatenmark und Ketchup sowie dem zweiten Ei zu einem pikanten Teig verkneten; plattdrücken, in die Mitte die Würstchen und das geschälte Ei legen; den Fleischteig herumformen und in den gewässerten RÖMERTOPF legen; mit Brühe angießen und den Topf schließen.

Frühlingsrollen

(China)

200 g Schweinefilet, 100 g beliebige Pilze,
150 g Bambussprossen, 125 g Weißkohl,
Salz, 2 EL Öl, 1 1/2 EL Sojasoße,
etwas Tabasco, 2 EL Weinbrand,
1 EL Mehl für die Füllung.
Außerdem 2 Tassen Mehl, 1 Tasse Wasser,
2 große Eier, Salz, frischgemahlenen Pfeffer,
etwas Zucker für den Teig,
1 Tasse Öl zum Ausbacken, 1 EL Sojasoße.
Garzeit ca. 45 Minuten
1 Stunde Vorbereitung
Nährwert ca. 500 kcal = 2093 kJ

Fleisch in feine Streifen schneiden; mit den geschnittenen Pilzen, den Bambussprossen und dem zerkleinerten Kohl vermengen, salzen. Aus Öl, Sojasoße, Tabasco und Weinbrand eine pikante Würzsoße rühren, mit Fleisch und Gemüse mischen, das Mehl unterrühren; mindestens 1 Stunde durchziehen lassen. Aus Mehl, Wasser, den Eiern, Salz, Pfeffer und Zucker inzwischen einen geschmeidigen Teig rühren; daraus in der Pfanne in heißem Öl Omeletts backen. Vorsichtig mit der Füllung belegen, einrollen. Die Frühlingsrollen dicht nebeneinander in den gewässerten RÖMERTOPF legen. Falls noch Öl übrig ist, darüberträufeln. Nach 15 Minuten wenig in warmem Wasser angerührte Sojasoße zugießen; die Rollen im offenen Topf überbräunen.

Baked beans

(USA)

250 g getrocknete weiße Bohnen,
2 EL Senf, reichlich frischgemahlener
Pfeffer, Salz, 2 Zwiebeln, 1 EL Zucker,
1 EL Honig, 1 EL Essig,
200 g Frühstücksspeck.
Garzeit ca. 2,5 Stunden
Bohnen 10 Stunden weichen
Nährwert ca. 600 kcal = 2511 kJ

Die Bohnen 10 Stunden in Wasser einweichen, dann im Einweichwasser in den gewässerten RÖMERTOPF geben; mit Senf und Pfeffer verrühren; den Topf schließen. Nach 1,5 Stunden salzen, grobgehackte Zwiebeln, Zucker, Honig und Essig einrühren; den in Streifen zerteilten Speck darauflegen. In der letzten halben Stunde im offenen Topf überbräunen.

MEINE EIGENEN RÖMERTOPF-REZEPTE:

ZUTATEN:

ZUBEREITUNG:

ZUTATEN:

ZUBEREITUNG:

ZUTATEN:

ZUBEREITUNG:

FEIN GEDÜNSTETES UND GESCHMORTES VOM FISCH.

Fisch aus dem RÖMERTOPF - speziell aus dem Fisch-RÖMERTOPF - ist eine feine Sache.
Bedenken, daß er dort viel zu lange gart, müssen nicht sein. Dies zeigen die Grundrezepte und Kochvorschläge für viele mitteleuropäische Spezialitäten. Ein Vorteil ist klar: beim Garen im geschlossenen Tontopf entsteht kein Fischgeruch. Weil nur in einem Minimum an Flüssigkeit gegart wird, bleibt alles subtile Aroma voll erhalten.

Richtig gedünstet wird Fisch so (Sud nach Standardrezept): Essig, Salz, Ringe einer Zwiebel, 2 Gewürznelken, 1 Lorbeerblatt und etwas zerkleinertes Suppengemüse mit 1 Tasse Wasser mischen. Diesen Sud auf dem Herd 20 Minuten köcheln lassen; bei Bedarf etwas Wasser nachgießen. Leicht abgekühlten Sud durchsieben und in den gewässerten (Fisch-) RÖMERTOPF gießen; evtl. mit Wasser auffüllen bis die Flüssigkeit 1 cm hoch steht. Den Fisch daraufgeben. Gut 1/2 Stunde Kochzeit gibt Dünst-Fisch unvergleichbaren Wohlgeschmack.

Vorschlag für Fischgenießer:
Den vorgekochten Sud mit Weißwein aufgießen. 700 g vorbereiteten Kochfisch hineingeben; mit Butterflöckchen belegen. Wenn Sie Fisch mit zerlassener Butter reichen wollen, probieren Sie doch folgendes: den gewürzten Fisch ganz ohne Flüssigkeitszugabe nur mit 50-100 g Butter und Kräutern in den gewässerten RÖMERTOPF legen und nach Grundrezept dünsten. So bleiben Saft und volles Aroma erhalten; nichts verkocht in der Brühe, die ja meist nicht weiterverwendet wird.

Tip: Fisch sollten Sie bei nur 180 Grad Backofentemperatur im (Fisch-) RÖMERTOPF garen. Das Fleisch bleibt dann zarter.

Schmorfisch, mariniert

Ca. 800 g Fischfilet, 1 Zitrone, Salz, Senf, Paprikapulver, 1 Bund Suppengemüse, 20 g Butter, 150 g Sahne, 1 TL Speisestärke.
Garzeit ca 30 Minuten
30 Minuten vorher einlegen
Nährwert ca. 350 kcal = 1464 kJ

Den Fisch mit einer Marinade aus Zitronensaft, Salz, Senf und Paprika bestreichen; mit Folie bedecken und 30 Minuten in den Kühlschrank legen. Den gewässerten RÖMERTOPF mit dem vorbereiteten, zerkleinerten Suppengemüse ausstreuen, den Fisch mit der ausgetretenen Flüssigkeit hineingeben. Butterflöckchen darüberstreuen, den Topf schließen. Den Bratsaft mit in Sahne verrührter Speisestärke verlängern, abschmecken.

Dazu passen mehlige Pellkartoffeln und Salate.

Fisch-Frikassee

1 EL Mehl, 1 EL Butter, 1 Tasse Brühe, 1/8 l Weißwein, 1 EL Preiselbeerkompott, 1 EL Senf, 1 Gewürzgurke, 1 Zwiebel, 800 g vorbereitetes Fischfilet, 150 g saure Sahne, 2 EL Schnittlauchröllchen.
Garzeit ca. 45 Minuten
Nährwert ca. 300 kcal = 1254 kJ

Aus Mehl und Butter auf dem Herd eine helle Schwitze bereiten, mit der Brühe durchkochen.
Dann mit Wein, Preiselbeerkompott, Senf, der gescheibelten Gurke und der gehackten Zwiebel in den gewässerten RÖMERTOPF geben; den Fisch hineinlegen, den Topf schließen. Soße mit saurer Sahne und Schnittlauchröllchen verfeinern, abschmecken.

Dazu schmecken Salzkartoffeln.

Hier folgen besonders originelle Fisch-Spezialitäten. Wo spezielle Fischarten empfohlen werden, können Sie natürlich auf andere ausweichen, die sehr frisch und preiswert im Angebot sind.

Fisch-Krabben-Topf

(Dänemark)

600 g Fischfilet, 2 EL Butter,
edelsüßes Paprikapulver, Salz,
je 1 EL gehackte Petersilie und Dill,
600 g Kartoffeln, Saft von 1/2 Zitrone,
1 Tasse Weißwein, 200 g eßfertige Krabben,
50 g geriebener Käse, 1 TL Mehl.
Garzeit ca. 60 Minuten
Nährwert ca. 400 kcal = 1674 kJ

Den Fisch abbrausen und trockentupfen. Die Butter mit Paprikapulver, Salz und Kräutern kneten, die Hälfte davon als Flocken in den gewässerten RÖMERTOPF geben. Kartoffeln schälen, würfeln, die Hälfte dazulegen. Das Fischfilet darauf verteilen, mit den übrigen Kartoffeln bedecken. Zitronensaft, Wein und Krabben mischen; salzen, Käse und Mehl zugeben, über das Gargut gießen. Mit der restlichen Buttermischung besetzen und den Topf schließen.

Fischtopf "Hamburg", norddeutsch

Die Kartoffeln durch 200 g Reis ersetzen, 250 g TK-Erbsen mitgaren.

Fischfilet "Baden-Baden"

(Süddeutschland, Schweiz)

800 g Filet (möglichst Süßwasserfisch),
1 Zwiebel, 250 g beliebige Pilze,
2 EL gemischte gehackte Kräuter (evtl. TK),
125 g Frühstücksspeck in dünnen Scheiben,
1/4 l Weißwein, 1 Knoblauchzehe, Salz,
frischgemahlener Pfeffer, 3 Gewürzkörner,
Saft von 1/2 Zitrone, 50 g geriebener Käse,
2 EL gehackte Petersilie, 2 EL Butter.
Garzeit ca. 45 Minuten
Nährwert ca. 550 kcal = 2300 kJ

Fisch abbrausen und in den gewässerten RÖMERTOPF legen. Die Zwiebel enthäuten, in feine Ringe schneiden, daraufgeben. Die Pilze vorbereiten, scheibeln, darüber verteilen. Mit den Kräutern bestreuen. Den Speck in Streifen schneiden, darauflegen. Den Wein mit gepreßtem Knoblauch, Salz und Pfeffer verrühren, darübergießen. Gewürzkörner zugeben. Mit Zitronensaft beträufeln. 10 Minuten vor Ende der Garzeit den mit Petersilie gemischten Käse überstreuen, mit Butterflöckchen belegen. Den Topf nun offenlassen.

Dazu schmecken Buttertoast und viel frischer Salat.

Fisch-Gulasch

(Österreich)

600 g Fischfilet, 2 EL Zitronensaft,
600 g Zwiebeln, 2 Tomaten, 4 EL Öl,
Salz, edelsüßes Paprikapulver,
etwas Rosmarin und Lorbeerblatt,
frischgemahlener Pfeffer, 30 g Butter,
1/4 l Weißwein, edelsüßes Paprikapulver.
Garzeit ca. 60 Minuten
Nährwert ca. 400 kcal = 1674 kJ

Den Fisch waschen, in große Würfel schneiden, mit Zitronensaft beträufeln. Die Zwiebeln und Tomaten enthäuten, würfeln und in den gewässerten RÖMERTOPF geben; mit Öl beträufeln, mit Gewürzen bestreuen, mit Wein begießen. Den Fisch daraufsetzen, mit Paprikapulver bestreuen und mit Butterflöckchen besetzen. Den Topf schließen.

Reichen Sie Reis oder Kartoffelbrei dazu.

Fischgulasch, holländisch

Kartoffelpüree bereiten, mit geriebenem Käse verrühren. Eine Schicht in den RÖMERTOPF streichen, das Fischgulasch daraufgeben, mit einer Schicht Kartoffelbrei abdecken.

Fischgulasch, polnisch

Mit geriebenem Meerrettich würzen, statt der Tomaten kleingeschnittene Pfeffergurken untermischen.
Mit saurer Sahne binden.

Fischfilet auf Sauerkraut

(Elsaß)

500 g Sauerkraut, 1 Apfel,
3 Wacholderbeeren, 1/2 Lorbeerblatt,
1/4 l saure Sahne, 800 g Fischfilet, Salz,
2 EL Zitronensaft, 1 Ei, 4 EL Mehl,
2 EL Butter, 2 EL Öl,
50 g durchwachsener Räucherspeck.
Garzeit ca. 60 Minuten
Nährwert ca. 450 kcal = 1883 kJ

Das Kraut mit der Gabel zerpflücken, mit Apfelscheiben, Wacholderbeeren, Lorbeerblatt und 1/2 Tasse Wasser sowie 2 EL saurer Sahne in den gewässerten RÖMERTOPF geben. Das Fischfilet waschen, trockentupfen, salzen und mit Zitronensaft beträufeln. Zuerst in verquirltem Ei, dann in Mehl wenden. In der Pfanne Butter und Öl erhitzen, darin die Speckwürfel an-, danach den Fisch von beiden Seiten goldbraun braten. Auf das Sauerkraut legen und den Topf bedecken. 10 Minuten vor Ende der Garzeit vorsichtig die mit dem Mehl verrührte übrige saure Sahne unterheben; den Topf nun offen lassen.

Essen Sie Fisch und Sauerkraut mit Kartoffelbrei oder Salzkartoffeln.

Fisch auf Sauerkraut, ungarisch

Unter das Sauerkraut 1 vorbereitete, zerkleinerte Paprikaschote und 2 gewürfelte Tomaten heben.
Mit viel Paprikapulver schärfen.

Fisch-Rouladen, pikant

(Ungarn)

700 g beliebiges Fischfilet, 1 Zwiebel,
1 Pfeffergurke, 100 g Salami,
1/8 l saure Sahne, 1 EL Mehl,
1/2 Tasse Weißwein (noch besser: Tokajer),
etwas abgeriebene Schale von naturreiner
Zitrone, Salz, edelsüßes Paprikapulver,
1 EL Butter.
Garzeit ca. 45 Minuten
Nährwert ca. 400 kcal = 1674 kJ

Die gewaschenen Fischfilets der Länge nach durchschneiden, so daß sehr dünne Scheiben entstehen. Zwiebel fein hacken, Gurke würfeln, Wurst in Streifen schneiden. Alles auf den Fischfilets verteilen; zusammenrollen und mit Spießchen zusammenstecken; aufrecht nebeneinander in den gewässerten RÖMERTOPF stellen. Mit der Hälfte der Sahne begießen und den Topf schließen. Die fertige Soße mit dem leicht erwärmten Gemisch aus restlicher Sahne, Mehl und Wein verlängern.
Mit etwas Zitronenschale, Salz und Paprikapulver abschmecken, mit der Butter verfeinern.

Dazu paßt kräftiges, mit Paprikapulver bestreutes Brot.

Paprika-Karpfen

(Ungarn)

1 großer Karpfen, Rosenpaprika, Salz,
2 große Zwiebeln, 1 rote Paprikaschote,
1 EL Schweineschmalz, 1/8 l Rotwein,
4 EL Tomatenmark, 250 g saure Sahne,
1 naturreine Zitrone.

Garzeit ca. 1 Stunde
Nährwert ca. 350 kcal = 1465 kJ

Den Karpfen, falls nicht vor dem Einkauf geschehen, schuppen und ausnehmen, den Kopf entfernen. Von beiden Seiten mit Rosenpaprika und Salz bestreuen. Auf dem Herd die Soße herstellen. Dazu die Zwiebeln enthäuten und würfeln. Die Paprikaschote von Stielansatz und weißen Innenhäuten befreien, kleinschneiden.
Beides im Schmalz anbraten. Mit dem Rotwein ablöschen. Das Tomatenmark und die saure Sahne einrühren, mit 1 EL scharfem Paprika und Salz, etwas abgeriebener Zitronenschale würzen, in den Topf geben. Den Karpfen zum Schluß dazugeben. 10 Minuten vor Ende den Deckel öffnen.
Vor dem Servieren den Karpfen mit Zitronensaft beträufeln.

Den Fisch zu Kartoffeln und Salat reichen.

Barsch mit Tomaten
(Belgien)

1 Goldbarsch (oder anderer Fisch im Ganzen) von ca. 1.000 g, 1 Zitrone, 50 g magerer Räucherspeck, 1 Zwiebel, 1 EL Öl, 250 g Champignons, Salz, 6 Tomaten, 1 EL Butter.
Garzeit ca. 70 Minuten
Nährwert ca. 300 kcal = 1256 kJ

Den kopflosen Fisch innen und außen gut waschen, mit Zitronensaft beträufeln; 10 Minuten durchziehen lassen.
Den Speck und die enthäutete Zwiebel würfeln, in der Pfanne im Öl schmoren; geviertelte Pilze dazugeben, kurz mit andünsten. Diese Mischung auf dem Boden des gewässerten RÖMERTOPFS verteilen, salzen und den Fisch darauflegen. Die Tomaten vom Kerngehäuse befreien, mit kochendem Wasser überbrühen und enthäuten, um den Fisch legen, leicht salzen.
Mit Butterflöckchen besetzen, den Topf schließen.

Dazu passen Salzkartoffeln, Reis oder Kartoffelbrei.

Sardellen-Hecht
(Schweden)

1 Hecht, 50 g magerer Räucherspeck, Sardellenpaste aus der Tube, 250 g saure Sahne, 3 EL gehackte Petersilie.
Garzeit ca. 60 Minuten
Nährwert ca. 350 kcal = 1465 kJ

Den Fisch vorbereiten und mit feinen Speckstreifen spicken; innen dick und außen ganz zart mit Sardellenpaste bestreichen. In den gewässerten RÖMERTOPF legen. Mit Sahne begießen, mit Petersilie bestreuen und Topf schließen. Den Fisch vor dem Servieren mit Zitronenscheiben garnieren.

Essen Sie den Hecht mit Salzkartoffeln und Tomatenketchup.

Forelle, überbacken
(Österreich)

4 Forellen, 50 g Butter, 1/4 l Weißwein,
250 g Champignons,
4 EL feingehackte Petersilie, Salz,
frischgemahlener Pfeffer,
4 EL Semmelbrösel,
2 EL geriebener Käse.
Garzeit ca. 50 Minuten
Nährwert ca. 350 kcal = 1465 kJ

Forellen außen dick mit Butter einstreichen, in den gewässerten RÖMERTOPF legen und mit Weißwein begießen; Pilze scheibeln und mit der Petersilie darüberstreuen, salzen, pfeffern. Semmelbrösel und geriebenen Käse vermischen, auf die Fische geben. Mit Flocken der übrigen Butter besetzen. Topf schließen. Deckel für die letzten 10 Minuten der Garzeit abnehmen.

Zur Forelle schmecken Weißbrot und Salat.

Hamburger Schollen
(Norddeutschland)

1.000 g Schollen, Zitronensaft, Salz,
4 EL Butter, 250 g TK-Erbsen, 4 Tomaten,
1 EL gehackter Dill, etwas Estragon,
etwas Zucker, 1 EL Mehl, 1/4 l Milch,
frischgeriebener Pfeffer,
geriebene Muskatnuß.
Garzeit ca. 60 Minuten
Nährwert ca. 400 kcal = 1674 kJ

Die Schollen mit Zitronensaft und Salz würzen und in den gewässerten RÖMERTOPF legen. Mit Butterflöckchen belegen; die Erbsen und die enthäuteten halbierten Tomaten dazulegen, mit Dill, Estragon und Zucker bestreuen. Den Topf schließen. In den letzten 20 Minuten Bechamelsoße mitgaren. Dazu auf dem Herd aus der übrigen Butter und Mehl eine helle Schwitze bereiten; rühren und mit Milch aufgießen. Mit Salz, Pfeffer und Muskat abschmecken, etwas einkochen lassen, über die Fische geben.

Dazu passen Salzkartoffeln und Salat.

Das Mittelmeer bietet genug Fisch für seine Anlieger. Sie schätzen sein leichtes, delikates Fleisch dort besonders hoch - und wissen eine Fülle köstlicher Zubereitungsarten. Besonders gerne grillen die Mediterranen ihren Fisch. Doch auch die würzigen Rezepte für Fisch aus der Röhre lohnen das Kennenlernen - und sind für den RÖMERTOPF wie geschaffen.
Wenn Sie die für ihr Wunschrezept empfohlene Fischsorte gerade nicht bekommen: ruhig eine andere wählen. Hauptsache ist, daß der Fisch frisch ist; dann schmeckt er immer köstlich.

Aal Burgunder-Art
(Frankreich)

600 g frischer Aal, 2 Zwiebeln,
2 Knoblauchzehen, einige Pfefferkörner,
2 EL gemischte gehackte Kräuter,
1/2 TL Trockenkräutermischung der
Provence, 1 EL beliebige Pilze, Salz,
1/2 l Rotwein, 2 EL Weinbrand, 1 EL Butter,
1 EL Mehl, 2 EL gehackte Petersilie.
Garzeit ca. 45 Minuten
Nährwert ca. 600 kcal = 2510 kJ

Den Aal waschen, in ca. 6 cm lange Stücke schneiden. Zwiebeln und Knoblauch abziehen, in Scheiben schneiden; mit Pfefferkörnern und Kräutern in den gewässerten RÖMERTOPF geben.
Die Pilze und Fischstücke darauf verteilen, leicht salzen. Wein dazugießen, die Form schließen. Gegarte Fischstücke vorsichtig herausheben. Den Sud durch-

sieben und Weinbrand dazugeben; mit Butterflöckchen und dem in etwas Wasser angerührten Mehl binden, nachschmecken, die Petersilie unterheben.

Dazu passen Reis oder Butternudeln.

Forelle au gratin

(Frankreich)

4 Forellen, 1/4 l Weißwein,
200 g (evtl. Dosen-) Champignons,
4 EL gehackte Petersilie,
2 EL geriebener Käse, 4 EL Semmelbrösel,
50 g Butter, frischgemahlener Pfeffer.
Garzeit ca. 45 Minuten
Nährwert ca. 350 kcal = 1465 kJ

Die Forellen in den gewässerten RÖMERTOPF legen, mit Wein begießen. Die blättrig geschnittenen Pilze, Petersilie und mit Käse vermischte Semmelbrösel, zuletzt Butterflocken daraufgeben. Den Topf schließen. Während der letzten 10 Garminuten den Deckel abnehmen, Forelle mit Pfeffer schärfen.

Weißbrot und Kopfsalat sind herzhafte Beilagen.

Seefisch mit Oliven

(Griechenland)

4 Scheiben Seefisch à 200 g, Salz, Pfeffer,
1 unbehandelte Zitrone, 1 Zwiebel,
2 Tomaten, 1/4 l Weißwein, 1 TL Oregano,
1 EL gehackte Petersilie,
100 g schwarze Oliven, 1 EL gemahlene Mandeln, Salz, Pfeffer.
Garzeit ca. 40 Minuten
Nährwert ca. 250 kcal = 1046 kJ

Den Fisch waschen, salzen, pfeffern und in den gewässerten RÖMERTOPF legen. Die Zitrone heiß abwaschen, in Scheiben schneiden, daraufgeben. Die Zwiebeln enthäuten, hacken. Die Tomaten mit kochendem Wasser übergießen, pellen, vierteln und zum Fisch legen. Mit Wein begießen, mit Oregano und Petersilie bestreuen, Topf schließen. Die Zitronenscheiben herausnehmen, die Mandeln und Oliven einrühren. Zum Fisch servieren.

Dazu gibt´s Brot.

Seefisch auf Mittelmeer-Gemüse, spanisch

Die Fischscheiben auf einem Bett aus folgendem vorbereiteten Gemüse anrichten. 1 Stange Bleichsellerie, 1 gelbe Paprikaschote, 4 Tomaten, 2 Zwiebeln, 250 g Austernpilze. Mit dem Saft einer Zitrone würzen.

Dazu Safranreis servieren.

Überbackener Seefisch, türkisch

Die Mandeln nicht in die Soße rühren, sondern mit 3 EL Semmelbröseln, 2 gepreßten Knoblauchzehen, 2 EL gehackter Petersilie, 1 EL Öl, Salz und Pfeffer verrühren. Auf den Fischstücken verteilen, und das Gericht 10 Minuten im offenen Topf überbacken.

Fisch pikant, marrokkanisch

Die Fischscheiben in den RÖMERTOPF legen, salzen, mit Rosenpaprika und Kreuzkümmel sowie frischgemahlenen Pfeffer bestreuen. Mit 1 TL geriebener Zitronenschale (unbehandelte Frucht), dem Saft von 1 Zitrone, 6 gepreßten Knoblauchzehen und 1 Bund gehackter Petersilie würzen.

Seefisch mit Oliven, griechisch

Die Seefischstücke mit Knoblauch in Öl ganz leicht anbraten. Auf den Würfeln von 2 Zwiebeln und 4 Tomaten anrichten, mit 1/4 l Weißwein aufgießen. Mit Oregano und gehackter Petersilie, etwas abgeriebener Schale von naturreiner Zitrone und Zitronensaft würzen, zuletzt 100 g schwarze Oliven dazugeben.

Seefisch in Safransoße

(Syrien)

4 Scheiben beliebiger Seefisch à ca. 200 g,
2 Zitronen, 2 Scheiben Weißbrot,
1 Zwiebel, 4 Knoblauchzehen,
4 EL Olivenöl, Salz, 1 Bund Petersilie,
2 Döschen Safran.
Garzeit ca. 40 Minuten
Nährwert ca. 300 kcal = 1255 kJ

Die Fischscheiben salzen und in den gewässerten RÖMERTOPF legen. Zitronen auspressen, dazugeben. Das Weißbrot zerpflücken, Zwiebel und Knoblauch enthäuten, hacken, alles mit Öl beträufeln und mit Salz bestreuen. 1/4 l Wasser zugießen. Die Hälfte der gehackten Petersilie und den Safran einrühren, Topf schließen.
Die fertige Soße abschmecken und mit der übrigen Petersilie vermischen.

Zum Seefisch paßt Reis.

Fisch-Eiertopf

(Spanien)

4 Scheiben Seefisch à 200 g, 1 Zitrone,
600 g Kartoffeln, 4 hartgekochte Eier,
2 Zwiebeln, 2 Knoblauchzehen, Salz,
frischgemahlener Pfeffer, 4 EL Olivenöl,
1/4 l Milch, 2 EL Mehl, 2 Eidotter,
1 Döschen Tomatenmark.
Garzeit ca. 1 Stunde
Nährwert ca. 550 kcal = 2300 kJ

Den Fisch waschen, mit Zitronensaft beträufeln. Kartoffeln schälen, in Scheiben schneiden, ebenso die Eier. Die abgezogenen Zwiebeln und Knoblauchzehen hacken.
Alles in den gewässerten RÖMERTOPF schichten, den Fisch darauflegen. Salzen, pfeffern, mit Öl beträufeln und mit 1 Tasse Wasser begießen.
Nach 45 Minuten mit der auf dem Herd gekochten dicken Soße aus Milch, Mehl, Eidotter, Salz, Pfeffer und Tomatenmark begießen. Bei offenem Topf fertiggaren.

Reichen Sie Reis oder Brot dazu.

Thunfisch, überbacken

(Italien)

600 g reife Tomaten, 4 Scheiben frischer
Thunfisch à 200 g, Salz, 4 EL Olivenöl,
je 3 EL gehackte Petersilie, Kapern,
Scheiben von gefüllten Oliven,
2 EL geriebene Mandeln,
2 EL Semmelbrösel.
Garzeit ca. 40 Minuten
Nährwert ca. 400 kcal = 1674 kJ

Tomatenscheiben in den gewässerten RÖMERTOPF legen und die gewaschenen Fischstücke daraufgeben, salzen und mit Öl beträufeln. Petersilie, Basilikum, Kapern und Oliven darüber verteilen. Mit Mandeln vermischte Semmelbrösel einstreuen.

Geben Sie dazu knuspriges Weißbrot und frischen Salat.

Thunfisch, gespickt und mariniert (Frankreich)

4 Scheiben frischer Thunfisch à 200 g,
10 Sardellenfilets, 1 Zitrone,
1 Tasse Weißwein, Salz, einige Pfefferkörner,
1/2 TL Trockenkräutermischung der Provence, 1 Lorbeerblatt, 1 kleine Zwiebel,
1 Knoblauchzehe, 4 EL Olivenöl,
1 kleine Dose geschälte Tomaten.
Garzeit ca. 45 Minuten
Fisch 3 Stunden vorher einlegen
Nährwert ca. 400 kcal = 1674 kJ

Den Fisch waschen und mit Streifen von Sardellenfilets spicken.
Aus Zitronensaft, Wein, Salz, Pfefferkörnern, den Kräutern, Lorbeerblatt, enthäuteter Zwiebel und Knoblauch Marinade bereiten, den Fisch 3 Stunden darin einlegen. Dann gut abtropfen lassen, trockentupfen. In der Pfanne im Öl kurz anbraten. Die Tomaten in den lt. Vorwort gewässerten RÖMERTOPF geben, den Fisch darauflegen. Mit der Marinade begießen. Den Topf schließen.

Essen Sie den Thunfisch mit Weißbrot.

Tintenfisch mit Erbsen
(Italien)

600 g (bei uns TK-) Tintenfisch,
2 Knoblauchzehen, 2 EL Olivenöl,
2 EL gehackte Petersilie,
1 scharfes Pfefferschötchen, Salz, frischgemahlener Pfeffer, 1/4 l Rotwein,
1/2 Dose geschälte Tomaten,
400 g (evtl. TK-) Erbsen.
Garzeit ca. 2,5 Stunden
Vorbereitung!
Nährwert ca. 300 kcal = 1255 kJ

Den Tintenfisch gut waschen, zerkleinern. TK-Ware auftauen lassen. Knoblauch schälen und fein hacken, in der Pfanne im Öl anschmoren. Den Fisch dazugeben, mit anbraten, dann alles in den gewässerten RÖMERTOPF füllen.
Mit der Petersilie und dem gehackten Pfefferschötchen bestreuen, salzen, pfeffern. Den Wein und die Tomaten dazugeben, Topf schließen. Zweimal erwärmte Flüssigkeit nachgießen. Nach 2 Stunden die Erbsen unterheben.

Das fertige Gericht abschmecken, zu Weißbrot servieren.

Tintenfisch in Wein, griechisch
Abb. Seite 101

Garzeit ca. 1 Stunde
Vorbereitung!

Die, wie beschrieben, vorbereiteten Tintenfische und Knoblauch in der Pfanne mit Öl anbraten.
Im RÖMERTOPF mit Weißwein bedecken, Tomatenmark, Majoran, Thymian und gehackte Petersilie untermischen, mit Salz, Paprikapulver und etwas Zucker würzen.

Dazu passen Weißbrot oder Reis.

Fischröllchen, pikant
(Tunesien)

8 dünne Scheiben Fischfilet à ca. 100 g,
1 Zitrone, 1 Zwiebel, 4 Knoblauchzehen,
je 2 EL Tomaten- und Paprikamark,
Paprikapulver scharf, Salz,
1 hartgekochtes Ei, 1 Scheibe Weißbrot,
4 EL Öl, 50 g gefüllte Oliven,
2 EL gehackte Petersilie, 1 Tasse Brühe,
1 große Gewürzgurke.
Garzeit ca. 45 Minuten
Nährwert ca. 350 kcal = 1464 kJ

Den Fisch waschen, trockentupfen, mit Zitronensaft beträufeln. Die Zwiebel und den Knoblauch enthäuten, hacken, mit dem Tomaten- und Paprikamark verrühren; mit viel Paprikapulver und Salz würzen.

Das Ei schälen, hacken.
Das Weißbrot zerpflücken, mit etwas Wasser beträufeln. Alles mit dem Öl verkneten. Zuletzt die in Scheiben geschnittenen Oliven und Petersilie untermischen, noch einmal abschmecken. Die sehr scharfe Paste auf die Fischscheiben streichen, diese zusammenrollen und in den gewässerten RÖMERTOPF legen.
Mit Brühe - etwas Gurkenmarinade zugeben - begießen. Das Gericht mit feingewürfelter Gewürzgurke bestreuen.

Dazu Fladenbrot reichen.

Fischtopf Cacciucco
(Italien)

4 Zwiebeln, 4 Knoblauchzehen,
1 Möhre, 1 Stange Sellerie, 4 EL Öl,
200 g beliebiger Seefisch, 200 g vorgegarter
Tintenfisch, 2 Scheiben Weißbrot,
100 g Muschelfleisch,
1/1 Dose geschälte Tomaten, Salz,
frischgemahlener Pfeffer, 1/4 l Weißwein.
Garzeit 1,5 Stunden bei 180 Grad
Nährwert ca. 400 kcal = 1674 kJ

Das Gemüse kleinschneiden und in der Pfanne im Öl anschmoren.
Den Fisch waschen, Tintenfisch in Ringe schneiden. Beides dazugeben und unter Bewegen anschmoren.
Den RÖMERTOPF wässern, die Weißbrotscheiben hineinlegen; zuerst die Muscheln, dann das Bratgut aus der Pfanne daraufgeben.
Mit Tomaten bedecken, salzen, pfeffern und den Wein zugießen. Topf schließen. Vor dem Servieren alles sehr vorsichtig untereinanderheben und abschmecken.

TIP: Hübsch sieht es aus, wenn Sie einige Muscheln in der Schale mitgaren.

Fischsuppe Bouillabaisse
(Frankreich)

1 Zwiebel, 1 zerdrückte Knoblauchzehe,
2 EL Olivenöl, 1/2 Bund Suppengemüse,
700 g Fischfilet (außer Hering alle Arten,
die Sie bekommen können; gemischt),
250 g Kartoffeln, 2 Tomaten, Salz,
frischgemahlener Pfeffer, 1 Lorbeerblatt,
etwas abgeriebene Schale von unbehandelter
Zitrone, 3/4 l Würfelbrühe,
je 50 g eßfertige Muscheln und Krabben,
1/4 l Weißwein, etwas Safran, 1EL Butter,
2 EL Weinbrand, 1 EL gehackte Petersilie.
Garzeit ca. 1 Stunde
Nährwert ca. 300 kcal = 1256 kJ

Zwiebel und Knoblauch abziehen, hacken, im erhitzten Öl in der Pfanne anschmoren. Das zerkleinerte Suppengemüse kurz dazugeben. Den gut gewaschenen, trockengetupften Fisch für 3 Minuten mitschmoren.
In den gewässerten RÖMERTOPF geben, mit den geschälten, in Scheiben geschnittenen Kartoffeln und den enthäuteten, geviertelten Tomaten belegen. Salzen, pfeffern, das Lorbeerblatt und die Zitronenschale dazugeben. Mit Brühe begießen und den Topf schließen. Die Suppe kräftig abschmecken, Muscheln und Krabben ein paar Minuten darin ziehen lassen. Dann mit Safran, Butter, Weinbrand und Petersilie verfeinern.

Zur Bouillabaisse gibt´s Toastbrot.

Fischsuppe, griechisch

Die Fischsuppe durchsieben, mit Tomatenmark, Zitronensaft und Oregano abschmecken.

Fischsuppe, spanisch

1 Zwiebel, 3 Knoblauchzehen, 3 Tomaten und 1 scharfes Pfefferschötchen mit dem Fisch garen.

Fischsuppe, kroatisch

2 Tomaten, 2 Zwiebeln, 2 Knoblauchzehen und 400 g Kartoffeln vorbereiten, zerkleinern. Mit 2 Lorbeerblättern, etwas Stangensellerie und einer Spur Fenchel würzen. Das fertige Gericht mit viel gehackter Petersilie vermischen.

Schmorfisch

(China)

600 g beliebiges Fischfilet,
2 EL Zitronensaft, 300 g Lauch (vorbereitete Ringe), 100 g beliebige Pilze (oder 20 g vorgeweichte Mu-Err-Pilze),
100 g magerer gekochter Schinken,
100 g Krabben, 1 Tasse Brühe,
1 EL Sojasoße, Salz,
1 EL Reiswein oder Weinbrand,
1 EL Speisestärke,
100 g Bambussprossen.
Garzeit ca. 75 Minuten
Nährwert ca. 250 kcal = 1046 kJ

Den Fisch mit Zitronensaft beträufeln, durchziehen lassen und dann in den gewässerten RÖMERTOPF legen. Mit den Lauchringen und den zerkleinerten Pilzen bestreuen. Den Schinken würfeln, dazugeben, ebenso die Krabben. Mit der mit Sojasoße und Spirituosen verrührten Brühe begießen. Den Topf schließen. Kurz vor dem Anrichten abschmecken, die Bambussprossen unterheben, das Gericht mit in etwas Wasser angerührter Speisestärke binden; noch einige Minuten in die abgeschaltete Röhre stellen.

Schmorfisch-Topf, chinesisch

Statt der Pilze die Streifen einer Paprikaschote, 1 EL Tomatenmark und 1 Tasse rohen Reis mitschmoren. 2 Tassen Wasser mehr zugeben.

Fischtopf mit Eiern

(Indonesien)

600 g Fischfilet, 1 kleine Dose Bambussprossen, 100 g gestiftelte Mandeln, 4 Eier, Salz, frischgemahlener Pfeffer, 1 Knoblauchzehe, 1 Zwiebel, 4 EL Öl, Sojasoße und Tabasco nach Geschmack.

Garzeit ca. 1 Stunde

Nährwert ca. 450 kcal = 1883 kJ

Den Fisch der Länge nach teilen und ca. 1/3 davon in den gewässerten RÖMERTOPF legen; die Hälfte der Bambussprossen darüberstreuen.
Die Mandeln mit den Eiern verrühren, mit Salz, Pfeffer, gepreßtem Knoblauch und geriebener Zwiebel, Sojasoße und Tabasco nach Geschmack mehr oder weniger scharf abschmecken (Im Original: brennend scharf!); die Hälfte davon über die Bambussprossen träufeln. Noch einmal Fisch, Bambus und Eiermasse, zuletzt wieder Fisch einschichten. Mit Öl beträufeln und den Topf schließen.

Krabben-Curry

(Indien)

600 g eßfertige Krabben, 5 Knoblauchzehen, 2 EL Öl, 2 kleine Pfefferschötchen, 1 kl. Dose geschälte Tomaten, 2 große Zwiebeln, etwas Kurkuma, Salz, 1-2 TL Currypulver.

Garzeit ca. 30 Minuten

Nährwert ca. 250 kcal = 1046 kJ

Die Krabben abbrausen, sehr gut trockentupfen und mit den gehackten Knoblauchzehen im Öl anschmoren; in den gewässerten RÖMERTOPF geben. Die Pfefferschoten vierteln, mit den geschälten Tomaten und gehackten Zwiebeln dazugeben. Mit Kurkuma, Salz und Currypulver würzen und den Topf schließen.

Hierzu paßt Reis.

MEINE EIGENEN RÖMERTOPF-REZEPTE:

ZUTATEN:

ZUBEREITUNG:

VITAMINREICH ZUBEREITETES UND GEFÜLLTES GEMÜSE.

Sicher haben Sie für jede Gemüseart Ihr Lieblingsrezept. Wir stellen Ihnen nachfolgend zuerst die interessantesten Spezialitäten der mittel- und nordeuropäischen Länder vor, die es sich auszuprobieren lohnt.
Ganz einfach geht´s mit dem RÖMERTOPF; und wenn Sie Ihre gewohnten Rezepte darauf abstimmen wollen, lesen Sie einfach bei den entsprechenden Gemüsearten die Garzeiten nach. Gemüse mit extrem kurzer Zubereitungszeit wie Spargel oder Brokkoli haben wir ausgeklammert. Den zweiten Teil unseres kulinarisch so interessanten Kapitels bestreiten dann die köstlichen kräuterwürzigen Gemüserezepte der Mittelmeer-Küche.

Blumenkohl, bunt
(Skandinavien)

1 großer Kopf Blumenkohl, 1 EL Essig,
Salz, 200 g saure Sahne,
1 Tasse sehr feingehackte gemischte Kräuter,
darunter viel Dill, 2 Tomaten,
200 g eßfertige Krabben,
frischgemahlener Pfeffer.
Garzeit ca. 30 Minuten
Nährwert ca. 200 kcal = 837 kJ

Blumenkohl vierteln, in essiggesäuertem Salzwasser auf dem Herd ca. 5 Minuten garen. Abtropfen lassen und in den gewässerten RÖMERTOPF legen. Saure Sahne und die Kräuter dazugeben, ebenso Tomatenwürfel und die Krabben. Gut pfeffern. Den Topf schließen.

Blumenkohl mit Tomaten
(Schwarzes Meer)

1 großer Kopf Blumenkohl, Salz,
4 frische Tomaten (in Würfel),
2 Knoblauchzehen, 2 Zwiebeln,
3 EL Olivenöl, 1/2 Dose geschälte Tomaten,
1 Tasse Weißwein,
etwas geriebene Muskatnuß,
1 EL gehackte Petersilie.
Garzeit: ca.. 40 Minuten.
Nährwert: ca. 150 kcal = 627 kJ

Den Blumenkohl vom Strunk befreien, in Röschen zerteilen, ca. 30 Minuten in Salzwasser legen, um evtl. Insekten zu beseitigen.
Dann sehr gut abtropfen lassen.
Knoblauch und Zwiebeln abziehen, hacken und im Öl anschmoren.
Die Blumenkohlröschen darin unter Bewegen einige Minuten anbraten.
Dann in den lt. Vorwort gewässerten RÖMERTOPF legen. Die Tomaten darüberfüllen, den Wein dazugießen. Das Gericht salzen, pfeffern und mit Muskat bepudern. Den Topf schließen.
Mit Petersilie vermischen.

Bohnen (grün) in saurer Sahne
(Rußland)

500 g Bohnen, 250 g Zwiebeln,
250 g Tomaten, Salz,
frischgemahlener Pfeffer, 200 g saure Sahne,
1 Ei, frisches oder getrocknetes Basilikum.
Garzeit ca. 1 Stunde
Nährwert ca. 200 kcal = 837 kJ

Die Bohnen vorbereiten, grob zerschneiden; Zwiebeln und geschälte Tomaten achteln; alles in den gewässerten RÖMERTOPF geben. Salzen, pfeffern und mit der Hälfte der Sahne begießen. Den Topf schließen.
Die übrige Sahne mit Ei und Basilikum verquirlen und das Gemüse zum Schluß damit binden.

Bohnen weiß, getrocknet
(Ungarn)

200 g weiße Bohnenkerne,
1 große grüne Paprikaschote, 1 Zwiebel,
kleines scharfes Pfefferschötchen,
2 Knoblauchzehen, 1 EL Schweineschmalz,
1/4 l kräftige Würfelbrühe, Salz,
edelsüßes Paprikapulver.
Garzeit ca. 2,5 Stunden
Bohnenkerne 10 Stunden einweichen
Nährwert ca. 250 kcal = 1046 kJ

Die Bohnenkerne 10 Stunden einweichen und dann mit dem Wasser in den gewässerten RÖMERTOPF geben. Paprika- und Pfefferschote vorbereiten, dazugeben. Knoblauch pressen und mit Brühe vermischen, darübergießen. Den Topf schließen. Gegarte Bohnen mit Salz und Paprika abschmecken. Feingeschnittene Zwiebelringe in der Pfanne mit Schmalz anbräunen und vor dem Servieren über die Bohnen streuen.

Erbsen in Wein
(Österreich)

600 g TK-Erbsen, 1/4 l Weißwein,
etwas Estragon, Salz,
frischgemahlener Pfeffer, 30 g Butter,
4 EL saure Sahne, 2 TL Mehl.
Garzeit ca. 30 Minuten
Nährwert ca. 250 kcal = 1046 kJ

Die Erbsen in den gewässerten RÖMERTOPF geben und mit Wein begießen. Mit Estragon, Salz und Pfeffer würzen, 1 EL Butter dazugeben. Den Topf schließen. Abschließend mit in Sahne angerührtem Mehl binden, die übrige Butter untermischen, nachschmecken.

Erbsen, getrocknet
(Schweiz)

200 g getrocknete grüne Erbsen,
1/4 l kräftige Würfelbrühe, 1 große Zwiebel,
200 g gekochter Schinken, 50 g Butter.
Garzeit ca. 1 Stunde
Erbsen 10 Stunden einweichen
Nährwert ca. 400 kcal = 1674 kJ

Die Erbsen 10 Stunden einweichen, dann abgießen. Mit Schinkenstreifen, der Brühe, gewürfelter Zwiebel und der Hälfte der Butter in den gewässerten RÖMERTOPF geben, diesen schließen. Zum Schluß mit der übrigen Butter verfeinern, nachschmecken.

Gurke, geschmort
(Skandinavien)

600 g Gurken, 200 g Tomaten,
200 g Zwiebeln, Salz,
frischgemahlener Pfeffer,
50 g durchwachsener Räucherspeck,
1 EL Mehl, 125 g saure Sahne,
2 EL Dill, etwas Zucker, etwas Essig.
Garzeit ca. 45 Minuten
Nährwert ca. 200 kcal = 837 kJ

Die Gurken schälen; Tomaten mit kochendem Wasser überbrühen und enthäuten; abgezogene Zwiebeln in Ringe schneiden. Zutaten in den gewässerten RÖMERTOPF geben, mit wenig Salz und viel Pfeffer bestreuen. Den Speck würfeln, in der Pfanne knusprig ausbraten, mit dem Fett darübergeben. Mit Mehl bestäuben und mit Sahne begießen; den Topf schließen.
Mit Dill verfeinern, mit Zucker und Essig süß-sauer abschmecken.

TIP: Alles Gemüse bleibt in unseren Garzeiten knackig. Wenn Sie es lieber sehr weich mögen: Garzeiten um ca. 15 Minuten verlängern.

Chicoree in Schinken
(Belgien)

4 Stauden Chicoree, Salz, 2 EL Zitronensaft,
4 Scheiben milder Schnittkäse,
4 nicht zu dünne Scheiben gekochter Schinken, etwas geriebene Muskatnuß,
1 kl. Dose geschälte Tomaten,
1 kleine Zwiebel, 100 g Sahne,
frischgemahlener Pfeffer.
Garzeit ca. 30 Minuten
Nährwert ca. 300 kcal = 1255 kJ

Den Chicoree waschen, großzügig den bitteren Strunk herausschneiden.
In wenig zitronengesäuertem Salzwasser 5 Minuten vorkochen, abtropfen lassen. Die Käsescheiben auf die mit Muskat bepuderten Schinkenscheiben legen, die Chicorees darin einrollen. Mit Spießchen feststecken, nebeneinander in den lt. Vorwort gewässerten RÖMERTOPF legen.
Die Tomaten mit dem Handmixstab pürieren, mit geriebener Zwiebel, Sahne und Pfeffer verrühren, darübergießen, den Topf schließen.

Kohlrabi mit Soufflé-Füllung
(Belgien)

4 große Kohlrabiknollen, Salz,
einige Pfefferkörner,
1/2 naturreine Zitrone, 4 Eier,
frischgemahlener Pfeffer,
geriebene Muskatnuß,
2 EL gehackte Petersilie, 1 EL Butter.
Garzeit ca. 30 Minuten
Nährwert ca. 200 kcal = 837 kJ

Die Kohlrabiknollen schälen, halbieren und mit den Pfefferkörnern ca. 10 Minuten in Salzwasser garen; dann aushöhlen.
Das Innere pürieren, mit Zitronensaft, etwas abgeriebener Zitronenschale, den Eidottern, Salz, Pfeffer, Muskat und Petersilie vermischen; steifgeschlagenes Eiweiß unterheben. Die Kohlrabihälften in den gewässerten RÖMERTOPF setzen und die Füllung hineinhäufen.
Mit Butterflöckchen besetzen.
Topf schließen.

Lauch
(Belgien)

1.200 g Lauch, Salz, 2 Eidotter,
100 g saure Sahne, Saft von 1/2 Zitrone,
Salz, frischgemahlener Pfeffer,
etwas geriebene Muskatnuß,
etwas Schale von naturreiner Zitrone,
2 EL Butter.
Garzeit ca. 30 Minuten
Nährwert 200 kcal = 837 kJ

Den Lauch vorbereiten, die hellen Teile sehr gut waschen und in Stücke von 3 cm schneiden; in leichtem Salzwasser 5 Minuten blanchieren, gut abtropfen und in den gewässerten RÖMERTOPF füllen. Alle anderen Zutaten mischen, darübergießen und den Topf schließen.

Linsen in Sahne
(Polen)

200 g Linsen, 1 Zwiebel, 50 g Butter,
1 EL Semmelbrösel, 200 g Sahne,
1 großer Bund Schnittlauch, Salz,
frischgemahlener Pfeffer,
geriebene Muskatnuß, Essig.
Garzeit ca. 1,5 Stunden
Linsen ca. 10 Stunden einweichen
Nährwert ca. 400 kcal = 1674 kJ

Die Linsen einweichen und mit dem Wasser in den gewässerten RÖMERTOPF geben, Deckel aufsetzen. Nach 1 Stunde die gewürfelte Zwiebel in Butter anschwitzen und dazugeben; Semmelbrösel und die Schnittlauchröllchen in die Sahne mischen, vorsichtig unterheben. Mit Salz, Pfeffer, Muskat und etwas Essig nachschmecken.

Möhren mit Kräutern
(Böhmen)

1.000 g Möhren, 2 Zwiebeln, 50 g Butter,
Salz, 1 TL Zucker, frischgemahlener Pfeffer,
etwas getrocknete Pfefferminze, 1/4 l Brühe,
2 EL gehackte Petersilie, 1 EL Kerbel.
Garzeit ca. 30 Minuten
Nährwert ca. 200 kcal = 837 kJ

Die Möhren schrappen, gut waschen, in feine Scheiben schneiden und mit Zwiebelringen in den gewässerten RÖMERTOPF geben. Mit der Hälfte der Butter (in Würfelchen zerteilt) sowie Salz, Zucker und Pfeffer bestreuen; Pfefferminze darübergeben. Mit Brühe begießen und den Topf schließen.
Das fertige Gemüse mit Salz, Pfeffer und evtl. noch Zucker abschmecken, mit der restlichen Butter und den Kräutern verfeinern.

Paprika
(Ungarn)

1.000 g Paprikaschoten,
möglichst gelb, grün und rot gemischt,
2 Zwiebeln, 2 Knoblauchzehen,
edelsüßes Paprikapulver, etwas Zucker,
Salz, 1 Tasse Weißwein, 2 EL Butter,
2 EL gehackte Petersilie,
125 g saure Sahne.
Garzeit ca. 45 Minuten
Nährwert ca. 200 kcal = 837 kJ

Die Paprikaschoten von Stielansatz und Kerngehäuse befreien, vierteln und in den gewässerten RÖMERTOPF legen. Gehackte Zwiebeln und gepreßten Knoblauch dazugeben.
Mit Paprika, Zucker und Salz bestreuen und mit Wein übergießen. Die Butter würfeln, darüberstreuen und den Topf schließen. Zum Schluß mit Petersilie vermischen, sehr gut mit Paprika abschmecken und jede Portion mit eiskalter saurer Sahne beträufeln.

Rosenkohl
(Süddeutschland, Österreich)

600 g Rosenkohl, 3 Tomaten,
3 Zwiebeln,
Salz, frischgemahlener Pfeffer,
geriebene Muskatnuß, 1 Tasse Brühe,
2 EL saure Sahne, 1 EL Mehl.
Garzeit ca. 45 Minuten
Nährwert ca. 150 kcal = 628 kJ

Die Röschen am Strunk kreuzförmig einschneiden; Tomaten und Zwiebeln würfeln; in den gewässerten RÖMERTOPF geben und mit den Gewürzen bestreuen. Sahne und Brühe verrühren, darübergießen, mit Mehl bestäuben.
Alles vorsichtig untereinanderheben und den Topf schließen.

Rotkohl
(Deutschland, Österreich)

750 g Rotkohl, 1/2 Zwiebel,
50 g durchwachsener Räucherspeck,
1/4 l Apfelwein, 1 TL Zucker, 1 EL Essig,
1 EL Johannisbeergelee, Salz,
einige Pfefferkörner, 1/2 Lorbeerblatt,
1 EL Butter.
Garzeit ca. 1 Stunde
Nährwert ca. 250 kcal = 1046 kJ

Den Rotkohl fein hobeln und in den gewässerten RÖMERTOPF geben. Speck und Zwiebel würfeln, in der Pfanne ausbraten und über den Kohl streuen. Mit Apfelwein aufgießen und mit Zucker, Essig, Johannisbeergelee, Salz, Pfefferkörnern und Lorbeerblatt würzen. Den Topf schließen.
Den fertigen Kohl mit der Butter verfeinern.

Sauerkraut
(Böhmen)

1 Dose Sauerkraut, 1/4 l Apfelsaft,
1 Zwiebel, 2 Wacholderbeeren,
1 Gewürznelke, einige Pfefferkörner,
1/2 Lorbeerblatt, 1 Knoblauchzehe,
150 g durchwachsener Räucherspeck,
1 EL Mehl, 2 EL Butter.
Garzeit gut 1-2 Stunden
Nährwert ca. 400 kcal = 1674 kJ

Das Sauerkraut mit zwei Gabeln zerpflücken und in den gewässerten RÖMERTOPF geben. Mit dem Apfelsaft aufgießen. Die Zwiebel hacken, mit den Gewürzen und dem gepreßten Knoblauch untermischen. Den Speck in Streifen schneiden, ebenfalls unterheben und Topf schließen. Das fertige Sauerkraut mit Mehl verrühren und mit Butter verfeinern.

Steckrüben in Sahne
(Schweiz)

1.000 g Steckrüben (auch als Goldrübchen angeboten), Salz,
viel frischgemahlener Pfeffer,
2 EL gehackte Petersilie, 1 EL Mehl,
200 g Sahne, 1 TL Senf.
Garzeit ca. 45 Minuten
Nährwert ca. 200 kcal = 835 kJ

Die Steckrüben schälen, grob raffeln und in den gewässerten RÖMERTOPF geben. Salzen und pfeffern; mit der Petersilie und Mehl bestreuen. Die Sahne mit Senf verrühren, darübergießen und den Topf schließen.

Teltower Rübchen
(Norddeutschland)

1.000 g Teltower Rübchen, 2 EL Essig,
Salz, 1 EL Zucker, 40 g Butter,
50 g Sahne, frischgemahlener Pfeffer.
Garzeit ca. 45 Minuten
Nährwert ca. 200 kcal = 835 kJ

Die Rübchen halbieren, 5 Minuten in Essig-Salzwasser blanchieren, dann in den gewässerten RÖMERTOPF geben. Mit Zucker bestreuen, mit Butterwürfelchen belegen, mit der Sahne beträufeln. Gut pfeffern. Den Topf schließen.

Tomaten, geschmort
(Mitteleuropa)

8 Tomaten, Salz,
frischer, grobgemahlener Pfeffer,
1 EL Schnittlauchröllchen,
3 EL Semmelbrösel, 3 EL Sahne,
2 EL Butter.
Garzeit ca. 30 Minuten
Nährwert ca. 200 kcal = 835 kJ

Die Tomaten evtl. enthäuten, quer halbieren und in den gewässerten RÖMERTOPF geben. Mit Salz und

Pfeffer würzen, mit Schnittlauch bestreuen. Die Semmelbrösel darauf verteilen. Die Sahne darüberträufeln, mit Butterflöckchen belegen und den Topf schließen.

Weißkohl Krautstrudel, böhmisch

1.000 g Weißkohl, 100 g Butter,
4 EL Weißwein, Salz,
mildes und scharfes Paprikapulver,
Kümmel, 1 Pä Strudelteig.
Garzeit ca. 60 Minuten
Nährwert ca. 400 kcal = 1674 kJ

Den Weißkohl in feine Streifen hobeln. In der Hälfte der erhitzten Butter auf dem Herd unter Bewegen anschmoren, dabei den Wein zugießen.
Die Flüssigkeit verdampfen lassen und den Weißkohl mit Salz, Paprika und Kümmel würzen. Leicht abkühlen.
Den Strudelteig auf einem Tuch auseinanderlegen, mit erwärmter Butter bestreichen. Den Kohl darauf verteilen, dabei die Ränder freilassen. Mit Hilfe des Tuchs zusammenrollen, an den Schmalseiten einschlagen. In den gewässerten RÖMERTOPF legen und den Deckel schließen.

Wirsing-Pudding

(Ungarn)

700 g Wirsingkohl, 1 kleine Zwiebel,
50 g Butter, 100 g Sahne, 3 EL Weinbrand,
4 Eier, 100 g Semmelbrösel, Salz,
frischgemahlener Pfeffer, Rosenpaprika,
etwas geriebene Muskatnuß.
Garzeit ca. 60 Minuten
Nährwert ca. 400 kcal = 1674 kJ

Wirsingkohl vorbereiten, die Blätter in feine Streifen schneiden; mit der geriebenen Zwiebel mischen und in den mit Butter ausgefetteten, gewässerten RÖMERTOPF geben.
Die Sahne mit Weinbrand und Eidottern glattrühren; Semmelbrösel und steifgeschlagenes Eiweiß unterheben; mit Salz, Pfeffer, Paprika und Muskat pikant würzen. Darüber verteilen.
Mit der übrigen kleingeschnittenen Butter belegen.
Den Topf schließen.

Zucchini

(Holland)

800 g Zucchini, Saft von 1 Zitrone,
Salz, viel frischgemahlener Pfeffer,
100 g Sahne,
Tabasco, 100 g grobgeriebener milder
Käse wie Gouda oder Edamer,
2 EL gehackte Petersilie.
Garzeit ca. 45 Minuten
Nährwert ca. 200 kcal = 835 kJ

Die Zucchini gut waschen, von den Enden befreien und in dicke Scheiben schneiden. In den gewässerten RÖMERTOPF geben; jede Schicht mit Zitronensaft, Salz und Pfeffer würzen. Die Sahne mit Tabasco schärfen, mit Käse und Petersilie mischen. Darüber verteilen.
Den Topf schließen.

Zwiebel-Püree

(Schweiz)

800 g Zwiebeln, Salz, 1 Prise Zucker,
100 g magerer roher Schinken,
1 EL Mehl, viel frischgemahlener Pfeffer,
3 EL Sahne, 1 Tasse Würfelbrühe,
30 g Butter.
Garzeit ca. 45 Minuten
Nährwert ca. 200 kcal = 835 kJ

Zwiebelringe in den gewässerten RÖMERTOPF geben, salzen und mit

Zucker bestreuen. Den Schinken in sehr feine Stiftchen schneiden und darübergeben. Mit Mehl bestäuben, großzügig pfeffern. Mit Sahne und Brühe begießen. Den Topf schließen. Zum Schluß durchrühren, die Zwiebeln zerfallen dabei. Mit Butter verfeinern und nachschmecken.

Gerade bei Gemüse kommt es auf beste Zutaten an, wenn es gutschmecken soll. Erntefrisch und vollreif sind Prädikate, die den Grundstock zu rundem Genuß legen. Wo sind sie besser zu erfüllen als in den sonnigen Ländern am Mittelmeer?
Die folgende Auswahl der besten Zubereitungsarten soll zum Experimentieren anregen. Alles Gemüse paßt vorzüglich zu kurzgebratenem Fleisch, ist aber auch ohne Fleischzugabe ein Genuß.
Bei einigen Gerichten wird auch gleich etwas Fleisch zugegeben.
Während man in den südlichen Ländern dazu oft Reis, meist aber Brot als Beilage reicht, können Sie natürlich alle Arten von Kartoffelgerichten dazu servieren.

Fenchel mit Käsehaube

(Italien)

4 Fenchelknollen,
1/2 Tasse Würfelbrühe,
1/2 Tasse Weißwein,
100 g Mozzarella,
50 g Parmesankäse, 50 g Butter,
frischgemahlener Pfeffer.
Garzeit ca. 45 Minuten
Nährwert ca. 250 kcal = 1046 kJ

Die Fenchelknollen gründlich waschen (mit den Händen auseinanderdrücken, damit auch dazwischensitzender Schmutz entfernt wird), längs halbieren und in den gewässerten RÖMERTOPF legen. Mit Brühe und Wein begießen und den Topf schließen. Nach ca. 30 Minuten mit Mozzarellascheiben belegen, mit Parmesan und Butterflöckchen bestreuen, gut pfeffern.

Erbsen in Sherry

(Spanien)

600 g TK-Erbsen, 2 Tomaten, 2 Kartoffeln,
2 Zwiebeln, 2 Knoblauchzehen,
2 EL Olivenöl, 1/2 Lorbeerblatt,
etwas Thymian, Salz,
frischgemahlener Pfeffer,
100 ml trockener Sherry,
100 g magerer roher Schinken.
Garzeit ca. 45 Minuten
Nährwert ca. 300 kcal = 1255 kJ

Die Erbsen in den gewässerten RÖMERTOPF geben. Die Tomaten enthäuten, in Scheiben schneiden; Kartoffeln schälen, klein würfeln und beides dazumischen. Zwiebeln und Knoblauch würfeln, im Öl in der Pfanne anschmoren, dazugeben.
Mit den Gewürzen bestreuen; mit Sherry begießen. Den gewürfelten Schinken daraufgeben und den Topf schließen.

Auberginen, gefüllt

(Türkei)

"Der Sultan ist entzückt" heißt der Originaltitel dieses köstlichen Gerichts.

2 Auberginen, Salz, 1 Zwiebel,
2 Knoblauchzehen, 2 EL Olivenöl,

1/2 Dose geschälte Tomaten,
frischgemahlener Pfeffer, etwas Zimt,
1/4 Lorbeerblatt, 1 EL Rosinen, 50 g Oliven,
1 Bund Petersilie, 1/2 Tasse Brühe,
2 TL Sardellenpaste, Saft von 1/2 Zitrone.
Garzeit ca. 45 Minuten
Nährwert ca. 150 kcal = 627 kJ

Die Auberginen mit einem scharfen Messer dünn schälen und der Länge nach halbieren; dann (am besten mit einem vorne gezackten Grapefruitlöffel) etwa die Hälfte vom Fruchtfleisch herausnehmen. Mit Salz ausstreuen, nach 10 Minuten unter fließendem Wasser die Bitterstoffe abspülen und in den gewässerten RÖMERTOPF legen.
Das herausgenommene Fruchtfleisch mit Zwiebelwürfeln und Knoblauchzehen im Öl in der Pfanne anbraten; die Tomaten dazugeben und unter Rühren etwas einkochen lassen. Masse mit den Gewürzen und Rosinen vermischen; Oliven und kleingeschnittene Petersilie untermischen; über die ausgehöhlten Auberginenhälften füllen. Die Brühe mit Sardellenpaste und Zitronensaft verrühren, darübergießen und den Topf schließen.

Bohnen, grün

(Spanien)

1000 g grüne Bohnen,
125 g fetter Räucherspeck, 6 Tomaten,
1/4 l Brühe, 3 Knoblauchzehen,
etwas Oregano, Salz,
frischgemahlener Pfeffer.
Garzeit ca. 1 Stunde
Nährwert ca. 300 kcal = 1256 kJ

Die Bohnen grob zerbrechen. Den Speck in Streifen schneiden, in der Pfanne knusprig anbraten und in den gewässerten RÖMERTOPF geben.
Darauf enthäutete und geviertelte Tomaten und die Bohnen füllen. Die Brühe mit gepreßtem Knoblauch, Oregano, Salz und Pfeffer mischen und darübergießen.

Bohnenkerne getrocknet, weiß

(Italien)

200 g weiße Bohnenkerne,
200 g geräucherter Schweinebauch,
2 Zwiebeln, 2 Knoblauchzehen,
2 EL Olivenöl, 200 g Tomaten,
1 Prise Salbei, 1/2 Bund Petersilie, Salz,
frischgemahlener Pfeffer,
1/2 l Weißwein.
Garzeit ca. 2,5 Stunden bei 180 Grad
Bohnenkerne 10 Stunden einweichen
Nährwert ca. 550 kcal = 2300 kJ

Die Bohnen 10 Stunden einweichen und in den gewässerten RÖMERTOPF geben.
Den Speck grob würfeln; Zwiebeln und Knoblauch grob hacken; mit den übrigen Zutaten zu den Bohnen geben und den Topf schließen.

Gurken, geschmort

(Kroatien)

600 g Salatgurken, 300 g Tomaten,
200 g Zwiebeln, Salz,
frischgemahlener Pfeffer,
100 g durchwachsener Räucherspeck,
2 Knoblauchzehen, 2 TL Mehl,
125 g saure Sahne, 2 EL Zitronensaft,
2 EL gehackte Petersilie.
Garzeit ca. 45 Minuten
Nährwert ca. 200 kcal = 835 kJ

Die Gurken schälen, die Tomaten enthäuten, die Zwiebeln abziehen. Alles schneiden und in den gewässerten RÖMERTOPf geben. Salzen und pfeffern. Den Speck würfeln, in der Pfanne mit gehacktem Knoblauch ausbraten und darübergeben. Mit Mehl bestäuben, mit saurer Sahne begießen. Zum Schluß mit

Salz, Pfeffer und Zitronensaft abschmecken und mit Petersilie bestreuen.

Kichererbsen
(Marokko)

200 g Kichererbsen, 2 Zwiebeln,
2 Knoblauchzehen, 2 EL Öl, 50 g Rosinen,
1/2 TL Kurkuma, 1/4 l Würfelbrühe,
etwas Zimt- und Ingwerpulver,
50 g gehackte Mandeln,
50 g schwarze Oliven, Salz,
viel frischgemahlener Pfeffer.
Garzeit ca. 1 Stunde
Kichererbsen 12 Stunden einweichen
Nährwert ca. 400 kcal = 1674 kJ

Vorgeweichte Kichererbsen in den gewässerten RÖMERTOPF geben.
Die Zwiebeln und den Knoblauch abziehen, grob schneiden und in der Pfanne im Öl anschmoren. Mit den Rosinen und den Gewürzen dazugeben. Mit der Brühe aufgießen. Den Topf schließen.
Zuletzt die Mandeln und Oliven unterheben, mit Salz und Pfeffer würzen.

Lauch-Topf
(Türkei)

1.000 g dicke Lauchstangen, 2 Zwiebeln,
150 g Tatar, 50 g gekochter Reis,
50 g grobgemahlene Mandeln,
1 Knoblauchzehe, 1/2 TL Kreuzkümmel,
Salz, Paprikapulver,
1 TL feingehackte Petersilie,
1/1 Dose Tomaten, 2 EL Öl.
Garzeit ca. 1 Stunde
Nährwert ca. 250 kcal = 1046 kJ

Den Lauch von Wurzelansatz und dunklen Blattenden befreien und längs halbieren. Blätter unter fließendem Wasser gut waschen (auseinanderdrücken), in den gewässerten RÖMERTOPF legen.
Die enthäuteten Zwiebeln fein hacken, mit Tatar, Reis und Mandeln verkneten; mit gepreßtem Knoblauch, Kreuzkümmel, Salz und Paprika kräftig würzen.
Die Masse auf den Lauchstangen verteilen und Tomaten dazugeben.
Die Füllung mit Öl beträufeln und den Topf schließen.

Möhren in Wein
(Spanien)

800 g Möhren, 2 Knoblauchzehen,
2 EL Olivenöl, 1 EL Rosinen, Salz,
frischgemahlener Pfeffer,
etwas Kreuzkümmel und Pfefferminze,
1 winzige Prise Zimtpulver,
1 TL Zucker, 1/4 l trockener Weißwein,
2 EL gehackte Petersilie.
Garzeit ca. 45 Minuten
Nährwert ca. 150 kcal = 627 kJ

Die Möhren schrappen, in Scheiben schneiden und in den gewässerten RÖMERTOPF geben. Den Knoblauch pressen, mit dem Öl vermischen und darüberträufeln.
Mit Rosinen und allen Gewürzen bestreuen, mit dem Wein aufgießen.
Das fertige Gericht abschmecken, mit Petersilie vermischen.

Paprika mit Käse
(Slowenien)

1.000 g Paprikaschoten, 250 g saure Sahne,
400 g Schafskäse, 3 Eier,
viel frischgemahlener Pfeffer,
4 EL gehackte Petersilie.
Garzeit ca. 1 Stunde
Nährwert ca. 400 kcal = 1674 kJ

Die Paprikaschoten waschen, halbieren, den Stielansatz und die weißen Innenhäute mit den Kernen entfernen.
Die saure Sahne in den gewässerten RÖMERTOPF gießen und die Paprikaschotenhälften daraufsetzen.
Alle anderen Zutaten glattrühren,

in die Paprikaschoten füllen; den Topf schließen.

Pilze in Sahnesoße

(Italien)

600 g beliebige Waldpilze, 1 Zwiebel,
2 EL Olivenöl, 1 Tasse Weißwein,
1 EL frischen oder 1 TL getrockneten
Estragon, 1 Prise getrocknete Pfefferminze,
2 EL gehackte Petersilie, Salz, 200 g Sahne,
4 Sardellenfilets, 2 EL Zitronensaft.
Garzeit ca. 30 Minuten
Nährwert ca. 250 kcal = 1046 kJ

Vorbereite Pilze in den gewässerten RÖMERTOPF geben.
Die Zwiebel hacken, in der Pfanne mit Öl anschmoren und darüberstreuen. Mit Wein aufgießen, mit Kräutern und Salz bestreuen. Die mit Sardellenpaste und Zitronensaft gemischte Sahne darübergießen und den Topf schließen.

Sellerie (Stangen- bzw. Bleichsellerie) geschmort

(Italien)

Wie Fenchel mit Käsehaube Rezept Seite 120 bereiten.

Spinat und Mangold

Im Mittelmeerraum bevorzugt man Mangold, der auch bei uns vermehrt angeboten wird.

800 g Mangold oder Spinat,
1/2 Dose geschälte Tomaten, 2 Zwiebeln,
2 Knoblauchzehen, 2 EL Öl, Salz,
2 kleine scharfe Pfefferschötchen,
2 EL gehackte Blätter von Petersilie oder
Bleichsellerie, 50 g Schafskäse.
Garzeit ca. 40 Minuten
Nährwert ca. 200 kcal = 835 kJ

Mangold oder Spinat verlesen, gut waschen, in breite Streifen schneiden und in den gewässerten RÖMERTOPF legen. Die Tomaten dazugeben. Zwiebeln und Knoblauch häuten, hacken, im Öl anschmoren, salzen und darüberstreuen. Die Pfefferschötchen und die Kräuterblätter fein hacken und dazugeben.
Den Käse würfeln und unterheben, den Topf schließen.

Tomaten-Ragout "Savarin"

(Frankreich)

1.000 g Fleischtomaten,
1 Döschen Tomatenmark, 100 g Sahne,
Salz, frischgemahlener Pfeffer,
Ingwerpulver,
1/2 TL Zucker, 3 EL Weinbrand.
Garzeit ca. 30 Minuten
Nährwert ca. 150 kcal = 627 kJ

Die Tomaten waschen, vom Stielansatz befreien, mit kochendem Wasser überbrühen, enthäuten und vierteln. In den gewässerten RÖMERTOPF geben. Die übrigen Zutaten verquirlen, darübergießen und den Topf schließen.

Weißkohl oder Wirsing Gewürz-Kohl (Libanon)

1.000 g möglichst junger Weißkohl,
2 Zwiebeln, 2 Knoblauchzehen, 2 EL Öl,
etwas Piment und Kreuzkümmel, Salz,
Paprikapulver, 2 EL Zitronensaft,
2 EL gehackte Petersilie, 1 EL Rosinen,
125 g Joghurt.
Garzeit ca. 40 Minuten
Nährwert ca. 150 kcal = 627 kJ

Den Weißkohl vorbereiten, grob schneiden und mit gehackten Zwiebeln und Knoblauchzehen in den gewässerten RÖMERTOPF füllen. Restliche Zutaten mischen und darübergießen.

Türkisch

Den Kohl mit 125 g Tatar bestreuen. 1/4 l Brühe mit 1 EL Tomatenmark und 2 Eiern verrühren; mit Salz und Paprika würzen, darübergießen. In der letzten Viertelstunde mit 100 g grob zerbröckeltem Schafskäse bestreuen.

Zucchini, geschmort
(Griechenland)

1.000 g Zucchini, Salz, 3 EL Öl,
3 Knoblauchzehen, 3 Zwiebeln,
etwas Kreuzkümmel, etwas Minze,
Paprikapulver, 4 EL Reis, 2 Tassen Brühe,
Saft von 1 Zitrone, 2 Eier.
Garzeit ca. 40 Minuten
Nährwert ca. 200 kcal = 834 kJ

Die Zucchini von beiden Enden befreien, in Scheiben schneiden und in den gewässerten RÖMERTOPF geben.
Mit Salz bestreuen. Das Öl erhitzen und darin die gehackten Knoblauchzehen und Zwiebeln anbraten; zu den Zucchinis geben. Würzen, mit Kräutern und Reis bestreuen und mit Brühe begießen. Den Topf schließen.
Vor dem Servieren unter das noch sehr heiße Gericht die mit Zitronensaft verquirlten, gesalzenen Eier ziehen.

Zwiebeln, süß-sauer geschmort
(Frankreich)

800 g kleine Zwiebeln, 2 EL Olivenöl,
1 TL Zucker, Saft von 1 Zitrone,
2 EL gehackte Petersilie,
1 Tasse geschälte Tomaten,
1 kleine Dose kräftige Brühe.
Garzeit ca. 40 Minuten
Nährwert ca. 150 kcal = 627 kJ

Die Zwiebeln schälen, im erhitzten Öl in der Pfanne unter Zugabe vom Zucker von allen Seiten leicht anbräunen, dann mit allen anderen Zutaten in den gewässerten RÖMERTOPF geben. Den Topf schließen.

Gemischtes Gemüse Ratatouille (Frankreich)

Schmeckt kalt und warm gleich gut.

Je ca. 200 g Paprikaschoten, Zucchini,
Auberginen und Zwiebeln,
4 Knoblauchzehen,
4 Tomaten, Salz,
frischgemahlener Pfeffer,
2 EL gehackte Petersilie,
1 TL Trocken-Kräutermischung der
Provence, 1/8 l Weißwein,
2 EL Olivenöl.
Garzeit ca. 1,5 Stunden bei 180 Grad
Nährwert ca. 150 kcal = 627 kJ

Alles Gemüse vorbereiten, grob zerschneiden und in den gewässerten RÖMERTOPF legen. Die Tomaten darübergeben. Mit den Gewürzen und Kräutern bestreuen. Mit dem Wein und dem Öl begießen, den Topf schließen.

Gemischtes Gemüse, spanisch

Das fertige Gemüse noch sehr heiß mit einem verquirlten rohen Ei verrühren.

Gemischtes Gemüse, türkisch
Abb. Seite 113

Joghurt unter das fertige Gemüse mischen, evtl. mit Knoblauch und Kurkuma nachwürzen.

Pilz-Pastetchen, brasilianisch

Eierkuchen nach dem Rezept für Frühlingsrollen auf Seite 99 mit einer Füllung aus 300 g kleingeschnittenen, mit viel gehackter Zwiebel in Öl angedünsteten Champignons, 2 Eigelb, dem steifgeschlagenen Eiweiß, Salz und viel Pfeffer bereiten.

Feurige Bohnen (Mexiko)

300 g getrocknete schwarze oder rote Bohnenkerne, 1 Zwiebel,
1 scharfes Pfefferschötchen,
200 g Maiskörner aus der Dose,
1 EL Schweineschmalz, Salz,
etwas Pfefferminze, frisch oder getrocknet, Tabasco.
Garzeit ca. 2 Stunden
Bohnen 10 Stunden einweichen
Nährwert ca. 300 kcal = 1255 kJ

Die Bohnen ca. 10 Stunden einweichen, dann abgießen und mit frischem Wasser in den gewässerten RÖMERTOPF geben. Die Zwiebel enthäuten, hacken, mit dem Pfefferschötchen dazugeben.
Den Topf schließen. Inzwischen den Mais sehr gut abtropfen lassen, dann in der Pfanne im Schmalz anbraten, nach ca. 1 1/2 Garstunden zugeben.
Flüssigkeit im offenen Topf noch einkochen lassen. Das Gericht sehr scharf mit Salz, Pfefferminze und Tabasco würzen.

Zu Fladenbrot genießen.

Exotisches Gemüse
Sprossen-Bohnen-Topf

(Indien)

Eine sehr aparte Beilage zu gegrilltem Fleisch.

1 großer Kopf Blumenkohl,
100 g Kartoffeln, etwas Ingwerpulver,
2 Knoblauchzehen, 1 große Zwiebel,
Salz, 2 EL Öl, frischgemahlener Pfeffer und Tabasco, etwas Kurkuma und Kreuzkümmel, 1 Prise Koriander,
1 EL Zitronensaft,
200 g Sojabohnenkeime aus dem Glas oder selbstgekeimt.
Garzeit ca. 45 Minuten
Nährwert ca. 150 kcal = 627 kJ

Den Blumenkohl in Röschen zerteilen, gut waschen; mit den geschälten, kleingewürfelten Kartoffeln in den gewässerten RÖMERTOPF geben. Mit Ingwerpulver, gepresstem Knoblauch, Salz und den gehackten Zwiebeln bestreuen.
Das Öl mit den Gewürzen und Zitronensaft verrühren, mit 1/4 l warmem Wasser verdünnen, darübergießen. Den Topf schließen. 10 Minuten vor Garzeitende die Sojabohnenkeime unterheben.

Dazu paßt Paprikareis.

MEINE EIGENEN RÖMERTOPF-REZEPTE:

ZUTATEN:

ZUBEREITUNG:

ZUTATEN:

ZUBEREITUNG:

ZUTATEN:

ZUBEREITUNG:

HERZHAFTE BEILAGEN AUS KARTOFFELN, REIS UND GRIESS.

Bereiten Sie das Hauptgericht schnell in der Pfanne zu? Dann ist der RÖMERTOPF frei für besonders köstliche Beilagen! Wir haben diesmal die mittel- und nordeuropäischen Spezialitäten direkt auf das Grundrezept folgen lassen, für das sie ja nur Abwandlungen bedeuten. Gerade hier sind sie kaum national unterschieden, sondern überall in Zentraleuropa beliebt. In der mediterranen Küche lassen sich Beilagen vom Herd oder aus dem Backofen leicht zählen. Ein wenig Kartoffeln im nördlichsten Teil, Reis in Variationen, Polenta und Kuskus - das ist's dann schon! Denn: Hier ißt man als sättigende Begleiter zu Fleisch und Gemüse meist Brot und Fladen in allen köstlichen Abwandlungen.

Kartoffeln

Bekannt ist, daß die Kartoffel viele Vitamine und Mineralstoffe an das Kochwasser abgibt und damit an Eigengeschmack einbüßt.
Sind Kartoffeln aber ohne Aromaverlust in Holzkohlenglut gebraten, schwärmt jeder davon, der sie je gegessen hat. Auch Sie können sich diesen unvergleichlichen Kartoffel-Genuß gönnen - mit dem RÖMERTOPF. Überraschen Sie doch die Feinschmecker im Freundeskreis und in der Familie - und natürlich sich selbst!

10 möglichst gleichgroße, mehlig kochende Kartoffeln, 2 EL Butter, Salz, frischgemahlener Pfeffer, evtl. etwas Kümmel.
Garzeit ca. 75 Minuten
Nährwert je nach Größe der Kartoffeln

Die Kartoffeln schälen und nebeneinander in den gewässerten RÖMERTOPF legen. Mit Butterflöckchen belegen, mit Salz, Pfeffer und evtl. Kümmel bestreuen. Den Topf schließen.

Natürlich ergeben so gegarte Kartoffeln:

Kartoffelbrei, besonders aromatisch

Kartoffeln schälen, vierteln, salzen und pfeffern. Mit 2 Tassen Milch im RÖMERTOPF wie oben beschrieben garen. Nach dem Garen einfach verrühren!

Kartoffel-Gulasch

800 g Kartoffeln, 250 g Zwiebeln, 50 g Butterschmalz, Salz, frischgemahlener Pfeffer, Kümmel, Paprika, Majoran, 1/4 l Brühe.
Garzeit ca. 1 Stunde
Nährwert ca. 250 kcal = 1046 kJ

Die Kartoffeln schälen, waschen, in Scheiben schneiden und in den gewässerten RÖMERTOPF geben. Die Zwiebeln abziehen, hacken, in der Pfanne auf dem Herd im Schmalz anbraten; auf den Kartoffeln verteilen. Mit den Gewürzen bestreuen, mit der Brühe begießen und noch etwas Wasser dazugeben, bis die Kartoffeln etwa zur Hälfte bedeckt sind.

Lauchkartoffeln, belgisch

Schichtweise Kartoffelscheiben und vorbereitete, in dünne Ringe zerteilten Lauch einfüllen. Mit Brühe aufgießen, mit viel gehackter Petersilie und gemischten Kräutern würzen.

Kartoffelkuchen (Rußland)

800 g nach dem Grundrezept im RÖMERTOPF gegarte Kartoffeln, 4 Eier, 100 g saure Sahne, Salz, Paprikapulver, 2 EL gehackte Petersilie, 40 g Butter.
Garzeit ca. 45 Minuten
Nährwert ca. 250 kcal = 1046 kJ

Die Kartoffeln mit der Gabel zerdrücken, mit dem Eigelb und der Sahne glattrühren. Das Eiweiß steifschlagen,

unterheben. Die Masse pikant mit Salz und Paprika abschmecken und Petersilie dazugeben. Mit der Hälfte der Butter den lt. Vorwort gewässerten RÖMERTOPF ausfetten. Die Kartoffelmasse hineinstreichen. Mit der übrigen, zerschnittenen Butter bedecken.
Den Topf schließen. In den letzten 10 Minuten den Deckel abnehmen.

Kartoffeln auf Savoyer Art

800 g Kartoffeln, 100 g Zwiebeln,
100 g Emmentaler Käse, 50 g Butter,
1/4 l Brühe, Salz, frischgemahlener Pfeffer,
geriebene Muskatnuß,
1 Tasse kräftige Würfelbrühe.
Garzeit ca. 1 Stunde
Nährwert ca. 350 kcal = 1465 kJ

Die Kartoffeln schälen, in Scheiben schneiden; die Zwiebeln enthäuten, hacken; den Käse in dünne Scheibchen zerteilen. Die Zwiebeln in heißer Butter auf dem Herd anschmoren, abwechselnd mit Kartoffeln und Käse in den gewässerten RÖMERTOPF schichten. Dazwischen und obenauf die Gewürze streuen. Mit der Brühe begießen und den Topf schließen.

Wenn Sie in den letzten 10 Garminuten Wurstscheiben auf die Kartoffeln legen und im offenen Topf fertiggaren, brauchen Sie nur noch frischen Salat für eine vollwertige Mahlzeit.

Schweizer Rösti

800 g gegarte, erkaltete Kartoffeln,
3 Zwiebeln, 2 EL Butter, 1/8 l saure Sahne,
Salz, etwas geriebene Muskatnuß.
Garzeit ca. 45 Minuten
Nährwert ca. 300 kcal = 1256 kJ

Die Kartoffeln abziehen, grob raffeln und in den gewässerten RÖMERTOPF legen. Die Zwiebeln schälen, hacken, kurz in der Butter anbraten, über die Kartoffeln füllen. Die Sahne mit Salz und Muskat würzen, darübergießen. Den Topf schließen.

Englische Kartoffel-Stovies

Hier werden rohe Kartoffeln verwendet und in Scheiben geschnitten. Statt saure Sahne nur 4 EL Brühe verwenden, ein zwischen den Finger zerriebenes Lorbeerblatt, einige Pfefferkörner sowie Salz und gehackte Petersilie zwischen die Kartoffelscheiben streuen.
Garzeit gut 1 Stunde.

Holländische Kümmel-Kartoffeln

700 g gekochte Kartoffeln, 1 EL Butter,
125 g alter Holland-Gouda, Salz,
frischgemahlener Pfeffer, Kümmel,
gehackte gemischte Kräuter, auch TK.
Garzeit ca. 45 Minuten
Nährwert ca. 250 kcal = 1046 kJ

Die Kartoffeln schälen, quer halbieren und dicht nebeneinander in den gewässerten, ausgebutterten RÖMERTOPF legen.
Den Käse grob raffeln, darüberstreuen. Gewürze und Kräuter darauf verteilen, den Topf schließen.
In den letzten 10 Minuten den Topf öffnen.

Dazu passen Salat oder Gemüse.

Käse-Kartoffeln, skandinavisch

Ersetzen Sie den geraffelten Käse durch Würfelchen von Doppelrahmfrischkäse. Als Kräuter verwendet man den im Norden so geliebten Dill.

Reis

... soll trocken und körnig sein.
Das läßt sich auf dem Herd nur schwer verwirklichen ohne Anbrenn-Gefahr. Ohne Schwierigkeiten gelingt Reis im RÖMERTOPF so, wie Kenner ihn schätzen; denn die Garbedingungen im Tontopf kommen den Forderungen für ideales Gelingen entgegen. Mit wenig Flüssigkeit kann Reis ohne Umrühren bei milder Hitze dünsten.

Reis - Grundrezept

Garzeit 40 Minuten

3 Tassen gewaschenen auf einem Sieb abgetropften Reis in den gewässerten RÖMERTOPF schütten. Mit 4 1/2 Tassen Brühe oder Wasser, die auch mit Currypulver gewürzt sein können, aufgießen. Den Topf schließen. In den letzten 10 Minuten bei offenem Topf abdampfen lassen. Vorsichtig etwas Butter und/oder gehackte Petersilie untermischen.

Mein Reis

In 1 EL Butter oder Olivenöl 1 gehackte Zwiebel anschwitzen, den Reis dazuschütten und mitrösten bis er glasig ist, aber keinesfalls Farbe angenommen hat. 5 Minuten wallend sieden lassen.
Dann in den (diesmal mit warmem Wasser) angefeuchteten RÖMERTOPF gießen, den Topf schließen.
Hier genügen 30 Minuten Garzeit.

Champignon-Reis

250 g Champignons vorbereiten, scheibeln, mitgaren.

Risi-bisi

Unter den Reis 250 g TK-Erbsen mischen. Mit Estragon und etwas geriebenem Käse würzen.

Folien-Kartoffeln (Frankreich)

... lieben nicht nur die Franzosen.
Die Kartoffeln müssen jedoch nicht im "Silbermantel" gegart werden - im RÖMERTOPF gelingen sie vorzüglich.

Garzeit gut 1 Stunde
Nährwert je nach Kartoffelgröße

Pro Person 2 mittelgroße, mehlige Kartoffeln gut unter fließendem Wasser abbürsten.
Oben kreuzweise einschneiden und in den gewässerten RÖMERTOPF legen, Deckel schließen. Die fertigen Kartoffeln sind an der Einschnittstelle verlockend aufgesprungen. Auf diese Stelle Butterflöckchen geben. Reichen Sie dazu eiskalte saure Sahne oder Creme fraiche, Salz und die Pfeffermühle.
Und weitere, sehr kalte Butterflöckchen.

Kräuter-Kartoffeln
(Spanien)

800 g Kartoffeln, 4 EL Olivenöl, 1 Zwiebel,
2 Knoblauchzehen, Salz,
frischgemahlener Pfeffer, 1 Bund Petersilie,
etwas Oregano, 1/2 l Brühe.
Garzeit ca. 1 Stunde
Nährwert ca. 200 kcal = 838 kJ

Die Kartoffeln schälen, vierteln, in dicke Scheiben schneiden, trockentupfen; im Öl in der Pfanne unter ständigem Bewegen anbraten, geschälte Zwiebel und Knoblauchzehen dazugeben.
Alles in den gewässerten RÖMERTOPF geben, salzen, pfeffern; mit gehackter

Petersilie und Oregano bestreuen, mit der Brühe begießen und den Topf schließen.

Eier-Nudeln

(Frankreich)

Garzeit ca. 20 Minuten

Pro Person ca. 100 g gegarte Nudeln (Resteverwertung) mit 1 verquirltem Ei, Salz, frischgemahlenem Pfeffer, etwas geriebener Muskatnuß und 1 EL gehackter Petersilie oder Schnittlauch vermischen. Die Masse in den gewässerten, ausgebutterten RÖMERTOPF füllen, mit Butterflöckchen bestreuen, den Topf schließen.

Polenta (Italien)

Salz, 200 g Polenta-Maisgrieß,
frischgemahlener Pfeffer, 1 Zwiebel,
50 g Butter, 100 g geriebener Parmesankäse.
Garzeit knapp 1 Stunde
Nährwert ca. 350 kcal = 1464 kJ

600 ml Salzwasser in den gewässerten RÖMERTOPF geben, den Polenta-Grieß hineinrühren. Den Topf schließen.
Nach 45 Minuten gut durchrühren. Die enthäutete, gehackte und in der Butter angebräunte Zwiebel und den Käse unterrühren.
Schmeckt auch kalt (in Scheiben geschnitten) und in Butter aufgebacken köstlich.

Paßt zu Gemüsescheiben wie Zucchini und Tomaten.

Polenta mit Tomaten, italienisch

Nur 400 ml Wasser und 1 kleine Dose geschälte Tomaten verwenden.

Gnocchi aus dem Ofen

(Italien), Abb. Seite 127

1/2 l Milch, 125 g Grieß, Salz,
100 g geriebener Parmesan, 50 g Butter,
1 großes Ei.
Garzeit ca. 30 Minuten
Nährwert ca. 400 kcal = 1674 kJ

Die Milch zum Kochen bringen, salzen; langsam den Grieß einrühren und unter Rühren kochen, bis ein dicker Brei entstanden ist.
2 EL Parmesan und 2 EL Butter, zuletzt das Ei einarbeiten; die Masse erkalten lassen. Den RÖMERTOPF lt. Vorwort wässern. Mit einem zwischendurch immer wieder in kaltes Wasser getauchten Eßlöffel von der Grießmasse Nocken abstechen, hineinlegen.
Die übrige Butter in Flöckchen zerteilen, mit dem restlichen Käse daraufstreuen. Den Topf bedecken. Während der letzten 5 Minuten den Deckel abnehmen.

Kuskus (Couscous)

(Nordfrika)

ist ein Verwandter der europäischen Polenta, wird jedoch nicht aus Maisgrieß, sondern aus feinem Weizenschrot bereitet. Diese Zutat erhält man in Geschäften für ausländische Spezialitäten bzw. in Naturkostläden. Man bereitet Kuskus nach den Rezepten für Polenta. Couscous mit Zwiebelwürfel, Möhrenwürfel und Zucchinistücken zusammen mit Gemüsebrühe garen. Vor dem Servieren Petersilie und Butterflöckchen unterheben. Anrichtevorschlag: Im Wirsingblatt servieren.

Reis International

Unsere Spezialitäten werden nach dem Grundrezept auf Seite 130 aufgebaut.

Risotto, italienisch

Für die Grundmenge von 3 Tassen Reis 3 1/2 Tassen Brühe und 1 Tasse Weißwein verwenden. Mit Safran würzen. 1 Markknochen mitgaren, den Risotto mit Butterflöckchen und dem kleingeschnittenen Knochenmark verfeinern. Evtl. noch etwas geriebenen Parmesankäse unterheben.

Reis, französisch

Den Saft von 1 Zitrone mitgaren. Reis wird dann würzig und bleibt wunderbar weiß.

Die folgenden Varianten mit Rosinen und Datteln, also süßen Zutaten, ergänzen raffiniert Fleisch und anderes Herzhaftes. Probieren Sie es doch aus!

Mandel-Reis von der östlichen Mittelmeerküste

Pro 250 g Reis 50 g Rosinen, 50 g gehackte Mandeln und 1 Prise Kurkuma mitgaren.

Reis mit Datteln, türkisch

Pro 250 g Reis 50 g kleingeschnittene getrocknete Datteln, etwas Safran und 50 g Pinienkerne unterheben.

MEINE EIGENEN RÖMERTOPF-REZEPTE:

ZUTATEN:

ZUBEREITUNG:

KÖSTLICH UND RUND IM GESCHMACK: SUPPEN UND EINTÖPFE.

Suppen müssen keine schnelle Sache sein - erst langes Köcheln macht sie richtig rund im Geschmack! Natürlich verlangen gerade Suppen mit getrockneten Hülsenfrüchten und sehr langer Garzeit nach einer Methode, bei der sie nicht dauernd beaufsichtigt werden müssen. Dafür ist der RÖMERTOPF wie geschaffen. Das gleiche gilt für Eintöpfe. Kenner guter Küche schätzen ihn immer mehr.

Sie wissen, daß ein echter, rechter Eintopf stundenlang ruhig "vor sich hin" köcheln will, um den abgerundeten, vollen Geschmack zu bekommen, den sie so lieben.

Ihr RÖMERTOPF hält den Dampf und läßt Sie die Schwierigkeiten beim Garen auf dem Herd vergessen. Der Eintopf schmort, herrlich duftend, in der Röhre, setzt nicht an und braucht keine direkte Aufsicht. RÖMERTOPF-Eintöpfe schmecken einfach einmalig.
Übrigens können Eintöpfe gar nicht lange genug köcheln. Wenn Sie Ihrem Eintopf im RÖMERTOPF vier oder gar fünf Stunden - Temperatur von nur 130 Grad - lassen, um so besser!

Delikateß-Erbsensuppe

100 g getrocknete grüne Erbsen,
150 g Kasseler Rippenspeer, 1 Markknochen,
3 Kartoffeln, 1 großer Bund Petersilie,
1/4 l Weißwein, Suppenwürze.
Garzeit ca. 2,5 Stunden
Erbsen 10 Stunden vorweichen
Nährwert ca. 500 kcal = 2093 kJ

Die eingeweichten Erbsen mit dem Wasser in den vorbereiteten RÖMERTOPF geben. Das Kasseler Fleisch grob würfeln, mit dem Markknochen und den geschälten, zerschnittenen Kartoffeln und einigen Stengeln Petersilie unterheben. Den Topf schließen. Nach 2 Stunden die Petersilienstengel herausnehmen. Den Wein angießen, verrühren, die Suppe mit Suppenwürze abschmecken. Mit dem herausgedrückten, gewürfelten Knochenmark und feingeschnittener Petersilie verfeinert servieren.

Dicke Kartoffelsuppe

50 g magerer Räucherspeck,
200 g Rinderhackfleisch,
1 Bund Suppengemüse, 400 g Kartoffeln,
1 l Würfelbrühe, Majoran,
frischgemahlener Pfeffer, Salz, 2 EL Butter.
Garzeit ca. 75 Minuten
Nährwert ca. 300 kcal = 1255 kJ

Den Speck fein würfeln, in der Pfanne ausbraten; das Hackfleisch dazugeben und unter Zerpflücken mit anbräunen, ebenso das vorbereitete, zerkleinerte Suppengemüse. Alles in den gewässerten RÖMERTOPF füllen. Die Kartoffeln schälen, würfeln, dazugeben; mit der Brühe begießen; mit Majoran und Pfeffer würzen. Den Topf schließen.
Zum Schluß mit Salz abschmecken und mit Butterflöckchen servieren.

Ochsenschwanzsuppe

750 g Ochsenschwanz,
50 g magerer Räucherspeck, 1 Zwiebel,
1 Bund Suppengemüse, 3/4 l Würfelbrühe,
Salz, etwas Zucker, frischgemahlener Pfeffer,
etwas Thymian, 1 EL Zitronensaft,
1 EL Worchestershiresoße, 4 EL Südwein,
3 EL Reis, 200 g saure Sahne.
Garzeit ca. 3 Stunden
Nährwert ca. 350 kcal = 1464 kJ

Den Ochsenschwanz gleich beim Einkauf zerhacken lassen. Den Speck würfeln, in der Pfanne ausbraten; die Ochsenschwanzstücke kurz mitrösten, ebenso die gehackte Zwiebel und das vorbereitete Suppengemüse.
In den gewässerten RÖMERTOPF

geben, mit der Hälfte der Brühe begießen, mit den Gewürzen bestreuen. Den Topf schließen. Zwischendurch erwärmte Brühe nachgießen.
Nach 2 Stunden mit Zitronensaft, Worchestershiresoße und Südwein abschmecken; den Reis einrühren.
Die fertige Suppe mit Häubchen von leicht geschlagener Sahne reichen.

Mein Reste-Topf

200 g Bratenreste, 2 Zwiebeln,
1 großer Apfel, 500 g TK-Bohnen,
Erbsen oder Spargel (oder gemischtes Gemüse), 500 g Kartoffeln, 70 g Butter,
100 g geriebener Käse, 1/8 l Bratensaft,
1/8 l Sahne, Salz, frischgemahlener Pfeffer,
2 EL gemischte gehackte Kräuter.
Garzeit ca. 2 Stunden
Nährwert je nach verwendeter Gemüseart.

Den RÖMERTOPF wässern. Zuerst die zerkleinerten Fleischreste, dann die gehackten Zwiebeln einfüllen.
Den Apfel schälen, vom Kerngehäuse befreien, scheibeln und daraufgeben.
Das Gemüse und die geschälten, in dünne Plättchen geschnittenen Kartoffeln bilden die nächsten Schichten.
Die Hälfte von Butter und Käse darauf verteilen; mit dem Bratensaft und der Sahne beträufeln; salzen und pfeffern.
Den Topf schließen.
Zum Schluß vorsichtig untereinanderheben, den restlichen Käse und die übrige Butter sowie die Kräuter dazumischen, nachschmecken.

Wurst-Topf mit Markklößchen

100 g durchwachsener Räucherspeck,
4 Zwiebeln, 1 Bund Suppengemüse,
1 große Kartoffel,
1 kleiner Kopf Blumenkohl, 1/2 l Brühe,
200 g beliebige Wurst, 100 g Knochenmark,
4 EL Semmelbrösel, 2 Eidotter, Salz,
frischgemahlener Pfeffer, 1 EL Mehl,
geriebene Muskatnuß,
2 EL Schnittlauchröllchen.
Garzeit ca. 60 Minuten
Nährwert je nach verwendeter Wurstsorte

Den gewürfelten Speck in der Pfanne ausbraten; gehackte Zwiebeln und das vorbereitete, zerkleinerte Suppengemüse mit anschmoren.
In den gewässerten RÖMERTOPF geben. Die Kartoffeln schälen, würfeln; den Blumenkohl in Röschen zerteilen und dazugeben.
Mit der Brühe aufgießen, den Topf schließen.
Inzwischen: Die Wurst enthäuten und in Scheibchen zerteilen. Für die Markklößchen das Knochenmark zerschneiden, in der Pfanne unter Rühren zerlassen. Leicht abkühlen, dann mit den Semmelbröseln und den Eidottern vermischen, salzen und pfeffern. Kleine Klößchen formen und im Mehl wenden.
Nach ca. 45 Garminuten vorsichtig in den Eintopf einlegen;
die Wurststücke dazugeben. Den fertigen Eintopf mit Salz, Pfeffer und Muskat abschmecken und mit Schnittlauchröllchen verfeinern.

Geflügel-Nudeltopf

400 g Truthahnschnitzel, Salz,
frischgemahlener Pfeffer, 2 EL Butter,
1/2 Lorbeerblatt, 1 Knoblauchzehe,
1 Bund Suppengemüse,
400 g TK-Mischgemüse, 3/4 l Brühe,
2 Tomaten, 250 g beliebige Eiernudeln.
Garzeit ca. 1 Stunde
Nährwert ca. 450 kcal = 1883 kJ

Das Fleisch waschen, trockentupfen, in dicke Streifen schneiden; salzen und pfeffern und in 1 EL Butter in

der Pfanne anschmoren. In den gewässerten RÖMERTOPF füllen.
Das Lorbeerblatt, die geviertelte Knoblauchzehe, das zerkleinerte Suppen- und das Mischgemüse dazugeben.
Mit der Brühe aufgießen und den Topf schließen. Nach 30 Minuten enthäutete und geviertelte Tomaten und Nudeln unterheben. Den fertigen Eintopf mit Salz und Pfeffer abschmecken, mit Butterflöckchen belegen.

Borschtsch

(Rußland, Polen)

500 g Weißkohl, 500 g Rote Beete, 2 EL Zitronensaft, 300 g Rindfleisch oder Schinken, 1 EL Mehl, 1 l Brühe, einige Pfefferkörner, 1 Knoblauchzehe, Salz, je 2 EL gehackte Petersilie und Dill, 100 g Crème fraîche.
Garzeit ca. 2,5 Stunden
Nährwert je nach verwendetem Fleisch

Den Weißkohl grob schneiden;
Rote Beete schälen, grob raffeln;
in den gewässerten RÖMERTOPF geben, mit Zitronensaft beträufeln. Fleisch oder Schinken in Streifen schneiden, darüber verteilen. Mit dem Mehl bestäuben, mit der Brühe begießen; mit Pfefferkörnern und gepreßtem Knoblauch würzen.
Den Topf schließen. Abschließend vorsichtig untereinanderheben und mit Salz abschmecken, mit den Kräutern vermischen.
Auf jede Portion eisgekühlte Crème fraîche geben.

Gemüsesuppe Schtschi

(Ukraine)

500 g Weißkohl, 1 Bund Suppengemüse, 1 EL Mehl, 1 l Brühe, Pfeffer, Salz, 2 EL Butter, 50 g saure Sahne.
Garzeit ca. 1,5 Stunden
Nährwert ca. 200 kcal = 835 kJ

Den Weißkohl schneiden. Vom Suppengemüse die Petersilie zurücklassen, alles andere kleinschneiden und mit dem Kohl in den gewässerten RÖMERTOPF geben. Mit Mehl bestäuben und untereinanderheben. Mit der Brühe begießen, salzen, pfeffern und den Topf schließen. Zum Schluß abschmecken, mit gehackter Petersilie, Butter und saurer Sahne verfeinern.

Schwedische Kohlsuppe

1 Zwiebel, 1 Lauchstange, 2 Kartoffeln, ca. 300 g Weißkohl, 200 g Schinkenspeck, 3/4 l Brühe, Pfeffer, 1 EL gehackte Petersilie, 1 EL Butter.
Garzeit ca. 1,5 Stunden
Nährwert ca. 450 kcal = 1883 kJ

Alles Gemüse vorbereiten, zerschneiden. Den Schinkenspeck in Streifen zerteilen. Mit der Brühe in den gewässerten RÖMERTOPF geben.
Den Topf bedecken. Abschließend mit Pfeffer und evtl. noch etwas Salz abschmecken, mit Petersilie und Butter verfeinern.

Graupensuppe

(England)

2 EL Graupen, 2 Bund Suppengemüse, 250 g Lammfleisch, 1 weißes Rübchen, 1 l Brühe.
Garzeit ca. 1,5 Stunden
Nährwert ca. 250 kcal = 1046 kJ

Die Graupen mit dem vorbereiteten, zerkleinerten Suppengemüse in den gewässerten RÖMERTOPF geben.
Das gewaschene Fleisch kleinwürfeln. Das Rübchen schälen, ebenfalls würfeln, dazugeben. Mit der Brühe aufgießen, den Topf schließen.

Spinatsuppe
(Holland)

200 g frischer oder TK-Spinat, 1 Zwiebel,
1 EL Butter, 1 l Brühe, frischgemahlener
Pfeffer, geriebene Muskatnuß,
100 g Gouda oder Edamer Käse,
2 EL gehackte Petersilie oder Kresse.
Garzeit ca. 45 Minuten
Nährwert ca. 150 kcal = 627 kJ

Tiefgekühlten oder kleingeschnittenen frischen Spinat in den gewässerten RÖMERTOPF geben.
Die Zwiebel enthäuten, hacken, in Butter in einer Pfanne anschmoren, dann zum Spinat geben.
Mit der Brühe aufgießen; mit Pfeffer und Muskat würzen. Den Topf schließen.
Nach 30 Minuten geriebenen Käse untermischen, die Suppe nachschmecken.
Vor dem Servieren mit den Kräutern bestreuen.

Pichelsteiner
(Süddeutschland)

500 g Zwiebeln, 500 g Kartoffeln,
500 g Möhren, 2 EL Butter,
500 g gemischtes Gulaschfleisch,
1 Markknochen, 1 Bund Suppengemüse,
Salz, frischgemahlener Pfeffer,
reichlich Majoran, 1 Tasse Würfelbrühe.
Garzeit ca. 2 Stunden
Nährwert ca. 600 kcal = 2510 kJ

Zwiebeln, Kartoffeln und Möhren vorbereiten, grob würfeln und in den gewässerten RÖMERTOPF geben.
Das gewaschene, trockengetupfte Fleisch in der Pfanne mit Butter von allen Seiten anbraten (dabei bewegen) und dazulegen. Den Markknochen und das zerkleinerte Suppengemüse darauf verteilen. Mit Gewürzen bestreuen, mit Brühe begießen und den Topf schließen.
Fertiges Gericht nach Geschmack mit frischer Butter verfeinern.

Frankfurter Linsentopf
(Hessen)

200 g Linsen, 1 Lorbeerblatt,
1 Knoblauchzehe, einige Pfefferkörner,
Thymian, 200 g Kasseler Fleisch,
1 Zwiebel, 1 Bund Suppengemüse,
500 g Kartoffeln, 1-2 EL Essig,
Salz, 200 g Frankfurter Würstchen.
Garzeit ca. 1,5 Stunden
Linsen 10 Stunden einweichen
Nährwert ca. 450 kcal = 1883 kJ

Die Linsen mit dem Einweichwasser, Lorbeerblatt, geviertelter Knoblauchzehe, Pfefferkörnern und Thymian in den gewässerten RÖMERTOPF geben.
Das Kasseler würfeln, dazumischen.
Zwiebel und Suppengemüse vorbereiten, hacken, mit den geschälten, gewürfelten Kartoffeln dazugeben.
Mit Essig säuern. Den Topf schließen.
Kurz vor dem Anrichten nachsalzen, die in Scheiben geschnittenen Würstchen unterheben.

Blindhuhn
(Westfalen)

200 g weiße Bohnenkerne,
350 g durchwachsener Räucherspeck,
1 EL Butter, 300 g grüne Bohnen,
300 g Möhren, 500 g Kartoffeln,
2 Äpfel, 1 Birne, Pfeffer, Salz,
1/2 l kräftige Würfelbrühe,
1 TL Zucker, 2 EL gehackte Petersilie.
Garzeit ca. 2,5 Stunden
Bohnenkerne 10 Stunden vorweichen
Nährwert ca. 850 kcal = 3557 kJ

Eingeweichte Bohnenkerne mit dem Einweichwasser in den angefeuchteten RÖMERTOPF geben.
Den Speck würfeln, in der Pfanne in Butter anbraten, dazugeben. Bohnen, Möhren, Kartoffeln und Obst vorbereiten, grob schneiden und

untermischen. Mit der Brühe begießen, den Topf schließen.
Den fertigen Eintopf mit Salz, Pfeffer und Zucker abschmecken, die Petersilie untermischen.

Rindfleisch-Pilz-Topf
(Böhmen)

500 g nach dem Rezept Tellerfleisch gegartes Rindfleisch (magere Teile),
1 Zwiebel, 2 EL Butter,
200 g beliebige Pilze, 1/8 l Weißwein,
2 EL Tomatenketchup,
1 EL feingehackte Petersilie, Salz,
frischgemahlener Pfeffer,
2 EL Semmelbrösel.
Garzeit ca. 40 Minuten
Nährwert ca. 500 kcal = 2093 kJ

Das Fleisch in Plättchen, die Zwiebel in feine Würfel schneiden; beides in der Pfanne in 1 EL Butter anbraten und in den gewässerten RÖMERTOPF geben.
Die Pilze scheibeln, daraufgeben.
Den Wein mit Tomatenketchup und Petersilie verquirlen, salzen und pfeffern, darübergießen. Den Topf schließen.
Die Semmelbrösel mit der übrigen Butter verkneten, in Flöckchen darauf verteilen, im offenen Topf noch 5 - 10 Minuten überkrusten lassen.

Dazu passen Salzkartoffeln oder Kartoffelbrei und viel grüner Salat.

Schweizer Krustentopf

In der Südschweiz bestreut man fertige Gemüse-Kartoffel-Fleischeintöpfe gerne mit 3 - 4 EL Zucker. Bis 100 g Butter in Flöckchen darauf verteilen, 10 Minuten bei 250 Grad offen überbacken.

Irish Stew
(Irland, England)

500 g mageres Lammfleisch, 200 g Zwiebeln,
200 g Weißkohl, 200 g Wirsingkohl,
200 g grüne Bohnen, 500 g Kartoffeln, Salz,
200 g Möhren, frischgemahlener Pfeffer,
1 TL Kümmel, 1 1/2 Tassen Brühe,
2 EL Butter, 2 EL gehackte Petersilie.
Garzeit ca. 2 Stunden
Nährwert ca. 500 kcal = 2092 kJ

Das Fleisch waschen und trockentupfen, würfeln. In den lt. Vorwort gewässerten RÖMERTOPF legen.
Das Gemüse vorbereiten, zerkleinern, dazugeben. Die Kartoffeln schälen, würfeln, darauf verteilen. Salzen und pfeffern, mit dem Kümmel bestreuen. Mit der Brühe begießen, 1 EL Butter dazugeben.
Den Topf schließen. Mit der übrigen Butter und Petersilie verfeinern, abschmecken.

Steckrüben-Topf
(Skandinavien, Norddeutschland)

Je 500 g Schweinenacken oder Schweinebauch, Steckrüben und Kartoffeln, 1 Zwiebel, 1/2 Lorbeerblatt, frischgemahlener Pfeffer, Salz, Majoran, 1/2 l Brühe, 1 EL Butter.
Garzeit ca. 2 Stunden
Nährwert je nach verwendetem Fleisch

Das gewaschene Fleisch und die vorbereiteten Steckrüben und Kartoffeln würfeln, mit Zwiebelwürfeln und Lorbeerblatt in den gewässerten RÖMERTOPF geben. Mit Salz, Pfeffer und Majoran bestreuen. Mit der Brühe begießen, den Topf schließen. Abschließend nachschmecken, mit der Butter verfeinern.

Hackfleisch-Brokkoli-Topf
(Schweiz)

500 g Brokkoli-Röschen, 700 g Kartoffeln, 400 g Rinder-Hackfleisch, etwas Sojasoße, Tabasco, 1 Knoblauchzehe, 1/2 TL Trockenkräutermischung, 200 g Sahne, Salz, Pfeffer, 30 g Butter, geriebene Muskatnuß, 50 g geriebener Käse.
Garzeit ca. 1,5 Stunden
Nährwert ca. 750 kcal = 3138 kJ

Die Brokkoli-Röschen in den gewässerten RÖMERTOPF legen. Die Kartoffeln schälen, in Scheiben hobeln und daraufgeben. Das Hackfleisch mit Sojasoße, Tabasco, gepreßtem Knoblauch, Kräutern und etwas Sahne verkneten, salzen und pfeffern; darauf verteilen. Mit der übrigen - mit Salz, Pfeffer und Muskat gewürzten - Sahne begießen. Nach einer Stunde mit Käse bestreuen und Butterflöckchen aufsetzen. In der letzten Viertelstunde den Topf offenlassen.

Fischer-Topf
(Holland)

500 g Kartoffeln, 500 g grüne Bohnen, 2 EL Mehl, 1/4 l Milch, 250 g Räucherfisch, 2 Tomaten, 150 g Gouda, Salz, frischgemahlener Pfeffer, 2 EL Butter.
Garzeit ca. 1,5 Stunden
Nährwert ca. 550 kcal = 2300 kJ

Die Kartoffeln schälen und würfeln. Die vorbereiteten Bohnen brechen. In den gewässerten RÖMERTOPF geben. Mit dem Mehl bestäuben, mit der Milch begießen. Den Fisch enthäuten, von Gräten befreien, zerpflücken. Die gewaschenen, vom Stielansatz befreiten Tomaten in Scheiben schneiden. Beides daraufgeben, den Topf schließen. Nach einer Stunde mit dem grobgeriebenen Käse bestreuen, salzen und pfeffern und geschnittene Butter darauf verteilen.

Bohnen-Sauerkraut-Topf
(Belgien)

200 g weiße getrocknete Bohnenkerne, 2 Möhren, je 500 g Sauerkraut, Kartoffeln und Schweinebauch, Salz, frischgemahlener Pfeffer, 2 Zwiebeln, 1 EL Butter.
Garzeit ca. 2,5 Stunden
Bohnenkerne 10 Stunden vorweichen
Nährwert ca. 900 kcal = 3766 kJ

Die eingeweichten Bohnen mit dem Einweichwasser in den gewässerten RÖMERTOPF geben. Die Möhren schrappen, zerkleinern. Das Sauerkraut zerpflücken. Die geschälten Kartoffeln würfeln, ebenso das Fleisch. Alles mit dem Sauerkraut vermischen, etwas salzen, gut pfeffern, den Topf schließen. Die gehackten Zwiebeln in der Pfanne in Butter anbräunen und vor dem Anrichten darüberstreuen.

Hotpot
(England)

Je 250 g Lammfleisch, geräucherte Wurst, Tomaten und Zwiebeln, 1 säuerlicher Apfel, 500 g Kartoffeln, etwas Pfefferminze, Salz, einige Pfefferkörner, 1/4 l Brühe, 1 EL Butter, 2 EL gehackte Petersilie.
Garzeit ca. 2,5 Stunden
Nährwert je nach Wurstsorte

Das Fleisch waschen, trockentupfen, würfeln; die Wurst in dicke Scheiben schneiden; Gemüse, den Apfel und die Kartoffeln würfeln. Alles im gewässerten RÖMERTOPF vermischen.
Mit zwischen den Fingern zerriebener Pfefferminze, dem Salz und den Pfefferkörnern bestreuen, mit Brühe begießen und Topf schließen.
Den fertigen Hotpot abschmecken, mit Butter und Petersilie verfeinern.

Eintöpfe gibt es in allen Volksküchen rund um die Welt in Fülle - und meist ist einer besser als der andere.
Sie können je nach Lust und Vorliebe, nach den Vorräten und den Zutaten der Saison abgeändert werden.
Wie originell Spezialitäten-Töpfe von den Ländern am Mittelmeer sind, zeigt unsere folgende Rezept-Auswahl.

Kohl-Djuvec
(Bosnien)

800 g Weißkohl, 400 g Lamm- oder Schweinefleisch, 4 EL Olivenöl, 2 Zwiebeln, 2 Knoblauchzehen, 3 Tomaten, Salz, 100 g saure Sahne, frischgemahlener Pfeffer, 1 EL Mehl, einige Pfefferschötchen.
Garzeit ca. 1,5 Stunden
Nährwert je nach verwendetem Fleisch

Den Kohl vorbereiten, in Streifen schneiden. Das Fleisch waschen, trockentupfen, in Gulaschstücke teilen; im Öl mit den gehackten Zwiebeln und Knoblauchzehen anschmoren. In den gewässerten RÖMERTOPF geben. Die vorbereiteten Tomaten dazulegen. Mit Salz, Pfeffer und Mehl bestäuben, mit 1/4 l Wasser begießen. Den Topf schließen. Mit gehackten Pfefferschötchen schärfen, mit der sauren Sahne verfeinern.

Hühnertopf
(Frankreich)

1 kleines Hähnchen, 2 EL Butter, 3/8 l Weißwein, Salz, frischgemahlener Pfeffer, 1 EL Mehl, 300 g Champignons, 50 g kernlose Oliven, 250 g Würstchen nach Wahl, 3 hartgekochte Eier, 250 g Blätterteig.
Garzeit ca. 1,5 Stunden
Nährwert je nach verwendeten Würstchen

Das rohe Hähnchen vierteln, dann von den Knochen befreien. Das ist zwar umständlich, für dieses Gericht jedoch absolut erforderlich. Die Fleischstücke in den gewässerten RÖMERTOPF geben, Butterflöckchen daraufstreuen.
Den Topf schließen. Nach 30 Minuten 1 Tasse erwärmten Wein dazugießen, mit Salz und Pfeffer würzen. Nach einer weiteren halben Stunde mit Mehl bestreuen, den übrigen Wein und die blättrig geschnittenen Pilze dazugeben. Wurstscheiben, geviertelte Oliven und Eierscheiben daraufschichten.
Die Blätterteigscheiben auf der Arbeitsplatte einander leicht überlappend nebeneinanderlegen und darüberrollen, so daß eine einzige große Platte entsteht, die etwas größer ist als die Öffnung des RÖMERTOPFES. Darauflegen und an den Rändern andrücken. Den Topf wieder schließen. In den letzten 15 Minuten den Deckel abnehmen, so daß die Blätterteighaube leicht gebräunt wird.

Fleisch-Gemüsetopf "Bolaggio"
(Italien)

150 g magerer, gesalzener, jedoch ungeräucherter Schweinebauch,
300 g Schweinefleisch von Hals oder Schulter, 1 Zwiebel, 2 Möhren, 4 Tomaten,
1 Knoblauchzehe, 150 g Weißkohl,
150 g über Nacht eingeweichte weiße Bohnen, frischgemahlener Pfeffer, Rosmarin, Thymian, 1/4 l Würfelbrühe, 1 EL Butter, evtl. noch etwas Salz.
Garzeit ca. 2 Stunden
Bohnen 10 Stunden vorweichen
Nährwert ca. 550 kcal = 2302 kJ

Das Fleisch zu Gulasch würfeln, alles Gemüse kleinschneiden. Alles mit den eingeweichten Bohnen und dem Einweichwasser in den gewässerten RÖMERTOPF geben. Mit den Gewürzen bestreuen, mit der Brühe begießen, den Topf schließen. Zuletzt die Butter unterheben und den Eintopf sehr vorsichtig mit Salz abschmecken.

Reis-Eintopf
(Kroatien)

250 g gemischtes Gulaschfleisch (Schweine-, Kalb-, Rind- und Lammfleisch, gemischt),
1 großer Markknochen, 200 g Zwiebeln,
500 g Tomaten, 1 Paprikaschote,
1 Knoblauchzehe, 1 Bund Suppengemüse,
200 g Joghurt, 1/2 l Brühe, Salz,
frischgemahlener Pfeffer, 250 g Reis,
1 EL Schweineschmalz.
Garzeit ca. 2 Stunden
Nährwert ca. 600 kcal = 2510 kJ

Das Fleisch und den Knochen waschen, in den gewässerten RÖMERTOPF legen. Die Zwiebeln und Tomaten abziehen, würfeln, darauflegen.
Auch das übrige Gemüse vorbereiten, zerkleinern, darüberstreuen. Mit dem Joghurt und der Brühe angießen, salzen, pfeffern.
Den Reis im Schweinefett anrösten, dazugeben. Den Topf schließen.

Weizen-Lamm-Topf
(Marokko)

500 g Weizenkörner, 10 Zehen Knoblauch, 2 EL Öl, 400 g Lammfleisch,
2 Paprikaschoten, 50 g Rosinen,
etwas Zimt, Safran und Ingwer,
getrocknete oder frische Pfefferminze,
Salz, frischgemahlener Pfeffer, 2 Eier,
1/2 Bund Petersilie.
Garzeit ca. 2 Stunden
Weizen 12 Stunden einweichen
Nährwert 750 kcal = 3138 kJ

Den vorgeweichten Weizen unter fließendem Wasser abbrausen und in den angefeuchteten RÖMERTOPF geben.
Die Knoblauchzehen schälen, im Ganzen im erhitzten Öl anschmoren, dazugeben. Das gewürfelte Fleisch im gleichen Fett von allen Seiten anbräunen. Mit den geachtelten Paprikaschoten und den Rosinen zum Weizen geben, mit Gewürzen bestreuen. Zum Schluß mit den verquirlten, gewürzten Eiern und Petersilie mischen.

Pilaff
(Serbien)

50 g fetter Räucherspeck, 2 EL Butter,
3 Zwiebeln, 3 Paprikaschoten,
400 g Schweinefilet, 2 Tassen Reis,
4 Tassen Würfelbrühe,
1 Döschen Tomatenmark, Salz,
50 g geriebener Käse, scharfes Paprikapulver.
Garzeit ca. 45 Minuten
Nährwert ca. 600 kcal = 2510 kJ

Den Speck würfeln, in der Pfanne anbraten. Butter und in Streifen geschnittene Zwiebeln und Paprikaschoten mitdünsten. Das Schweinefilet in Scheiben schneiden, kurz mit anrösten. Alles in den gewässerten RÖMERTOPF geben und Reis dazustreuen. Mit der Brühe begießen und den Topf schließen.
Vor dem Anrichten Tomatenmark und Käse untermischen, mit Salz und Paprikapulver abschmecken.

Pilaff, türkisch

Statt Schweine-, Lammfleisch verwenden, kräftig mit Knoblauch würzen.

Pilaff überbacken, türkisch

200 g Joghurt mit 1 Bund gehackter Petersilie vermischen, darübergießen, 10 Minuten im offenen Topf überbacken.

Gewürz-Pilaff, türkisch

Je 100 g gewürfelte Lammleber und Lammnieren mitgaren. Mit Pinienkernen, Zimt, Piment und viel Petersilie würzen.

Pilaff, kroatisch

Mit Kornschnaps würzen. 3 Eier mit 1 gehackten scharfen Pfefferschötchen verquirlen, über das fertige Gericht gießen und noch 10 Minuten im geöffneten Topf garen.

Olla potrida
Spanischer Suppentopf

Wegen der vielen verschiedenen Zutaten sollten Sie dieses spanische Nationalgericht gleich für 6 Personen wie hier bereiten:

1 Markknochen, je 250 g Rind-, Lamm- und Hühnerfleisch,
1 kleines Schweineohr, je 100 g über Nacht eingeweichte Kichererbsen und weiße Bohnen, 1 Bund Suppengemüse,
einige Pfefferkörner, 1/2 Lorbeerblatt,
1 Gewürznelke, 250 g Kartoffeln,
250 g Weißkohl, 250 g Knoblauchwurst,
etwas Safran, frischgemahlener Pfeffer.
Garzeit ca. 3,5 Stunden bei 180 Grad
Kichererbsen und Bohnen vorweichen
Nährwert ca. 550 kcal = 2300 kJ

Den Knochen und das kleingeschnittene Fleisch waschen, mit den Hülsenfrüchten in den gewässerten RÖMERTOPF füllen. Das Suppengemüse zerkleinern, darübergeben. Mit Gewürzen bestreuen, mit 2 Tassen Wasser aufgießen und den Topf schließen.
Nach 2 Stunden grob geschnittene Kartoffeln und Weißkohl zugeben, dicke Wurstscheiben unterheben.
Den in heißem Wasser aufgelösten Safran einrühren. Das fertige Gemüse vorsichtig untereinanderheben und gut schärfen.

Pilz-Risotto
(Spanien)

1 Zwiebel, 2 Knoblauchzehen, 1 EL Öl,
250 g Reis, 300 g Waldpilze, 2 Tomaten,
1 Bund Petersilie, 1/2 Lorbeerblatt,
Thymian, 200 ml Brühe, 100 ml Weißwein,
Salz, frischgemahlener Pfeffer,
75 g Spargelspitzen, 100 g Sahne,
75 g magerer roher Schinken, 1 EL Butter.
Garzeit ca. 40 Minuten
Nährwert ca. 450 kcal = 1883 kJ

Zwiebel und Knoblauch häuten, hacken und im Öl in der Pfanne anschmoren. Den Reis dazugeben, unter Bewegen hellgelb anlaufen lassen;
in den gewässerten RÖMERTOPF füllen. In Scheiben geschnittene Pilze und die enthäuteten, geviertelten Tomaten sowie Petersilie, Lorbeer und Thymian dazugeben. Mit Brühe und Wein aufgießen, salzen, pfeffern und den Topf schließen. Nach 20 Minuten die Spargelspitzen, den in Streifen geschnittenen Schinken und die angewärmte Sahne untermischen. Den Eintopf abschmecken und mit Butter verfeinern.

Kuskus-Topf

(Tunesien)

200 g Lammfleisch, 200 g Rindfleisch, 200 g Hühnerfleisch ohne Knochen, 2 Knoblauchzehen, 3 EL Olivenöl, 1 Stange Lauch, 1 Stange Sellerie, 2 Tomaten, 1 kleine Aubergine, je 1/2 Msp Kreuzkümmel und Kardamon, je 1 Prise Ingwerpulver und Zimt, Salz, 150 g Kuskus (feiner Weizeschrot aus dem Naturkostladen), Paprikapulver.

Garzeit ca. 2 Stunden

Nährwert ca. 600 kcal = 2512 kJ

Das Fleisch waschen, trockentupfen,würfeln und mit dem gepreßten Knoblauch im Öl von allen Seiten anbraten. In den gewässerten RÖMERTOPF geben. Mit dem zerkleinerten Gemüse und den Gewürzen bestreuen. Den Kuskus darauf verteilen, mit ca. 350 ml Wasser begießen. Den Topf schließen. Den fertigen Eintopf sehr scharf abschmecken.

Gemüsesuppe süß-sauer

(China)

200 g Schweinefilet, 1 EL Öl, 100 g Bambussprossen, 100 g beliebige Pilze, 1 Zwiebel, 3/4 l Hühnerbrühe, 1 EL Sojasoße, 1 EL Essig, 1 EL Speisestärke, Salz, Zucker, 25 g Glasnudeln, 1 EL gehackte Petersilie.

Garzeit ca. 1 Stunde

Nährwert ca. 150 kcal = 627 kJ

Vorbereitetes Fleisch in Plättchen schneiden, kurz in Öl anbraten und in den gewässerten RÖMERTOPF geben. Bambussprossen, zerkleinerte Pilze und in feine Ringe geschnittene Zwiebel dazugeben.
Mit der Brühe aufgießen, Sojasoße und Essig dazugeben. Den Topf schließen. Die fertige Suppe mit in etwas Wasser angerührter Speisestärke binden, mit Salz und Zucker abschmecken.
Zuletzt die Glasnudeln und die Petersilie einrühren.

Jambalaya

(Lateinamerikanischer Reistopf)

Je 150 g kräftig schmeckende Wurst und magerer roher Schinken, 2 Zwiebeln, 1 Knoblauchzehe, 2 EL Öl, 1 Paprikaschote, 2 Tomaten, 1 Tasse Reis, 1 Lorbeerblatt, 1 scharfe Pfefferschote, 150 g eßfertige Krabben.

Garzeit ca. 45 Minuten

Nährwert je nach verwendeter Wurstsorte

Die Wurst in Scheibchen, den Schinken in Würfel schneiden; Zwiebeln und Knoblauch hacken. Alles in der Pfanne im Öl anbraten, dann in den gewässerten RÖMERTOPF geben.
Die Paprikaschoten vorbereiten; die Tomaten enthäuten; beides würfeln und dazulegen.
Mit dem Reis bestreuen, mit 3 Tassen Wasser aufgießen. Lorbeerblatt und Pfefferschote zugeben und den Topf schließen.
10 Minuten vor Ende der Garzeit das Gericht mit Salz und Pfeffer abschmecken und die Krabben unterheben.

MEINE EIGENEN RÖMERTOPF-REZEPTE:

ZUTATEN:

ZUBEREITUNG:

ZUTATEN:

ZUBEREITUNG:

ZUTATEN:

ZUBEREITUNG:

WÜRZIG UND AROMA-VOLLENDET: AUFLÄUFE UND PASTETEN.

Aufläufe in geschlossener Form garen? Wundern Sie sich nicht, erproben Sie doch einfach unsere Rezepte. Lassen Sie sich überzeugen, daß der RÖMERTOPF geradezu idealer Küchenhelfer dafür ist. Bisher bereiteten Sie die Auflaufmasse zu und füllten Sie in eine feuerfeste Form. Im Ofen begann sich gleich die knusprige Kruste zu bilden - die Zutaten im Inneren hatten nicht genügend Zeit, sich völlig zu verbinden und geschmacklich zu ergänzen.

Im RÖMERTOPF geben Sie Ihrem Auflauf die Gelegenheit, besonders köstlich zu werden. Denn dort schmort alles in Ruhe in der geschlossenen Form und erreicht damit seine Aroma-Vollendung. Erst in der letzten Viertelstunde wird offen überbacken. Der Traum-Auflauf ist servierbereit! Dasselbe gilt für Pasteten.

Leber-Pastete

(Belgien)

400 g Rinderleber,
200 g Schweineschnitzelfleisch, 1 Zwiebel,
300 g TK-Blätterteig,
150 g Frühstücksspeck in sehr dünnen Scheiben, 1 Lorbeerblatt,
etwas getrockneter Thymian und Majoran,
1 Knoblauchzehe, 2 EL Weinbrand, Salz,
frischgemahlener Pfeffer.
Garzeit ca. 75 Minuten
Nährwert ca. 750 kcal = 3138 kJ

Das Fleisch und Zwiebeln würfeln und im Mixer zerkleinern bzw. durch den Fleischwolf treiben.
Die Blätterteigscheiben einander leicht überlappend auf die Arbeitsplatte legen und auftauen lassen, dann zu einer sehr großen Platte ausrollen.
Den gewässerten RÖMERTOPF damit auslegen. Teigreste zu einem Deckel ausrollen. Den Blätterteig mit Speckscheiben belegen. Das Lorbeerblatt zwischen den Fingern zerreiben, ebenso Thymian und Majoran, den Knoblauch pressen.
Mit dem Weinbrand in die Fleischmasse mischen, mit Salz und Pfeffer würzen.
Auf den Speck füllen.
Mit der Blätterteigplatte abdecken.
Sie wird rundum gut angedrückt und mehrmals mit einem Messer eingestochen.

Den Topf schließen.

Wild-Pastete

(Holland)

Für 6-8 Portionen:
800 g beliebiges Wildfleisch, 40 g Butter,
1/4 l Würfelbrühe, Salz,
frischgemahlener Pfeffer,
100 g durchwachsener Räucherspeck,
250 g gehacktes Kalbfleisch,
200 g saure Sahne, 3 Eier,
etwas geriebene Schale von naturreiner Zitrone, je 1 Msp Ingwer-, Rosmarin- und Salbeipulver, 1/2 TL Majoran,
2 EL gehackte Petersilie.
Garzeit ca. 100 Minuten
Nährwert bei 8 Portionen ca. 450 kcal = 1883 kJ

Das Fleisch waschen und in den lt. Vorwort gewässerten RÖMERTOPF legen. Die Hälfte der Butter dazugeben, mit der Brühe begießen, salzen und pfeffern. Den Topf schließen und 30 Minuten garen. Dann das Fleisch von den Knochen lösen. Inzwischen den Speck würfeln, mit der übrigen Butter in der Pfanne knusprig ausbraten. Alles Fleisch, die ausgebratenen Speckwürfel, saure Sahne, die Eier und die Gewürze vermischen, in den RÖMERTOPF streichen, den Topf bedecken.
Danach noch 10 Minuten ohne Deckel zum Überkrusten in die Röhre schieben.

Dazu passen Kartoffelbrei, grüner Salat, und Cumberland Soße.

Wild-Pastete mit Käsekruste, holländisch

Vor dem Überbräunen noch geriebenen Gouda über die Pastete streuen.

Pilz-Pastete

(Böhmen)

300 g Blätterteig, 500 g Waldpilze,
2 Zwiebeln, 2 EL Butter,

250 g gemischtes Hackfleisch, Salz,
frischgemahlener Pfeffer,
2 EL gehackte Petersilie, etwas Rosmarin,
2 Eier.
Garzeit ca. 1 Stunde
Nährwert ca. 750 kcal = 3140 kJ

Den gewässerten RÖMERTOPF mit Blätterteig auslegen (wie bei der Wildpastete). Pilze scheibeln, Zwiebeln hacken und in erhitzter Butter in der Pfanne anschmoren. Das Hackfleisch unter Zerreißen mit zwei Gabeln kurz mitbraten. Mit Salz und Pfeffer würzen, die Kräuter und die Eidotter unterheben. Zuletzt das Eiweiß steifschlagen, vorsichtig unter die Fleischmasse heben. Diese Füllung auf den Blätterteig geben. Aus dem übrigen Teig eine Platte ausrollen, daraufsetzen und an den Rändern andrücken.
Den Topfdeckel auflegen. In den letzten 10 Minuten offen überbacken.
Servieren Sie die in Scheiben geschnittene Pastete kalt oder warm.

Schusterpastete
(Osteuropa)

1.000 g Kartoffeln, 250 g Zwiebeln,
150 g roher Schinken, 2 EL Öl,
150 g Braten- oder Kochfleisch-Reste,
200 g Fischreste, auch gewässerte
Salzheringfilets, 250 g saure Sahne,
1 Ei, 1 EL Mehl, Salz,
frischgemahlener Pfeffer.
Garzeit knapp 1,5 Stunden
Nährwert ca. 600 kcal = 2510 kJ

Kartoffeln und Zwiebeln schälen, grob raffeln, mit dem kleingeschnittenen Schinken mischen und in den gewässerten RÖMERTOPF füllen.
Mit Öl beträufeln und 25 Minuten im offenen Topf garen.
Dann die kleingeschnittenen Fleischreste und den Fisch unterheben. Die Sahne mit Ei, Mehl und evtl. noch etwas Wasser verquirlen, mit Salz und Pfeffer abschmecken.
Den Topf bedecken.

Blumenkohl-Fisch-Auflauf
(Skandinavien)

1 großer Kopf Blumenkohl,
700 g beliebiges Fischfilet (z.B. Lachsfilet), 1 Zitrone, 2 EL Butter,
100 g Doppelrahm-Frischkäse,
2 EL gehobelte Mandeln,
2 EL gehackter Dill, 1 EL Aquavit.
Garzeit ca. 45 Minuten
Nährwert ca. 350 kcal = 1465 kJ

Den Blumenkohl in Röschen zerteilen, sehr gut waschen, in Salzwasser 5 Minuten vorkochen, abtropfen lassen. Das Fischfilet waschen, trockentupfen, mit Zitronensaft beträufeln.
Dann die Röschen abwechselnd mit dem Fisch in den lt. Vorwort gewässerten RÖMERTOPF geben. Mit Butterflöckchen belegen.
Alle anderen Zutaten mit 1 Tasse vom Blumenkohlsud verrühren, darübergießen. Den Topf schließen.

Reichen Sie Kartoffeln zum Auflauf.

Nudelauflauf
(Österreich)

300 g breite Nudeln, Salz,
200 g gekochter Schinken, 2 Eier,
125 g saure Sahne, 50 g geriebener Käse,
2 EL gehackte Petersilie,
1 große Zwiebel, 200 g Champignons,
Tabasco, edelsüßes Paprikapulver,
20 g Butter.
Garzeit ca. 45 Minuten
Nährwert ca. 550 kcal = 2300 kJ

Die Nudeln in Salzwasser nicht zu weich kochen, abtropfen lassen.
Den Schinken von der Schwarte befreien und in feine Streifen schneiden; die Eier mit saurer Sahne, Käse, Petersilie, der feingeriebenen Zwiebel und in Scheiben geschnittenen Pilzen vermischen; mit Salz, Tabasco und Paprika abschmecken.
Unter die Nudeln heben und in den gewässerten RÖMERTOPF geben.
Mit Butterflöckchen bestreuen, den Topf schließen. In den letzten 15 Garminuten im offenen Topf eine Kruste bilden lassen.

Dazu passen frischer Salat oder Tomaten.

Käs'-Nudeln
(Südwestdeutschland, Schweiz)

400 g breite Nudeln, Salz, 4 große Zwiebeln,
100 g Butter, 150 g geriebener Käse,
100 g saure Sahne,
viel frischgemahlener Pfeffer, 2 Tomaten.
Garzeit ca. 30 Minuten
Nährwert ca. 750 kcal = 3138 kJ

Die Nudeln in Salzwasser nicht zu weich kochen. Inzwischen die Zwiebeln abziehen, würfeln und in der Pfanne mit Butter anschmoren; zusammen mit den gut abgetropften Nudeln in den gewässerten RÖMERTOPF geben. Käse, Sahne, Salz und Pfeffer unterrühren.
Die Tomaten mit kochendem Wasser überbrühen, enthäuten, in Würfelchen schneiden und beimischen.
Den Topf schließen.

Krautnudeln

(Südwestdeutschland, Elsaß)

1 große Dose oder 800 g Sauerkraut,
200 g fetter durchwachsener Speck,
4 EL Brühe, 1 Lorbeerblatt,
350 g breite Nudeln, Salz, 50 g Butter.
Nährwert ca. 850 kcal = 3557 kJ
Garzeit ca. 45 Minuten

Das Sauerkraut zerpflücken.
Den Speck würfeln, in einer großen Pfanne ausbraten. Das Sauerkraut dazugeben. Kurz durchschmoren.
Inzwischen die Nudeln in Salzwasser nicht zu weich kochen, gut abtropfen lassen. Mit dem Sauerkraut vermischen und in den lt. Vorwort gewässerten RÖMERTOPF geben.
Den Topf schließen.
Mit der Butter verfeinern, mit Salz abschmecken.

Thunfisch-Auflauf
(Schweiz)

200 g Reis, Salz, 3 Eier, 125 g Sahne,
300 g Thunfisch natur (Dose),
1 Paprikaschote, 1 EL gehackte Petersilie,
frischgemahlener Pfeffer,
250 g vorbereitete, geviertelte Champignons,
1 EL Zitronensaft, 1 EL Weinbrand,
1 EL Butter.
Garzeit ca. 40 Minuten
Nährwert ca. 450 kcal = 1883 kJ

Den Reis nicht ganz ausquellen lassen, mit allen anderen Zutaten mischen und in den gewässerten RÖMERTOPF geben.
Mit Butterflöckchen belegen.
Den Topf schließen.

Leberwurst-Pfannkuchen
(Ungarn)

6 Eier, 300 g Mehl, 1/4 l Mineralwasser, Salz, Fett zum Ausbacken, 250 g Leberwurst. Für die Soße 1 Zwiebel, 1 EL Butter, 1/4 l Würfelbrühe, 1 kl. Dose geschälte Tomaten, 2 EL Tomatenketchup, edelsüßes Paprikapulver, 1/2 naturreine Zitrone, etwas Thymian und Rosmarin, 1 Knoblauchzehe, etwas Mehl, 2 Bund Schnittlauch.
Garzeit ca. 30 Minuten
Nährwert nach Menge des verwendeten Bratfetts

Die Eier mit Mehl und Mineralwasser verquirlen, salzen.
In der Pfanne in heißem Fett dünne Pfannkuchen ausbacken, jeweils noch warm mit Leberwurst bestreichen und im gewässerten RÖMERTOPF aufeinanderschichten. Die Zwiebel häuten, würfeln, in einem Topf in der Butter anschmoren; mit Würfelbrühe und Tomaten aufgießen, kurz mit dem Handrührstab mixen; mit Tomatenketchup, Paprikapulver, Zitronensaft und etwas abgeriebener Zitronenschale, Kräutern und Knoblauch würzen;
mit dem angerührten Mehl binden; aufkochen und zu den Pfannkuchen gießen. Den Topf schließen.
Vor dem Anrichten jede Portion dick mit Schnittlauchröllchen bestreuen.

Spinat-Auflauf
(Holland)

600 g TK- oder 750 g frischer Spinat, 1 große Zwiebel, 2 Eier, 2 EL Sahne, 100 g roher oder gekochter Schinken, 1 EL Mehl, Salz, frischgemahlener Pfeffer, geriebene Muskatnuß, Tabasco, 2 EL gehackte Petersilie, 2 EL Butter, 100 g milder Schnittkäse wie Edamer oder Gouda.
Garzeit ca. 45 Minuten
Nährwert ca. 300 kcal = 1256 kJ

Frischen Spinat verlesen, TK-Ware auftauen lassen.
Dann mit dem Handmixstab oder im Mixer pürieren. Die Zwiebel hacken; den Schinken in feine Streifen schneiden. Alles mit Mehl, Eidottern und Sahne vermischen, mit den Gewürzen abschmecken. Petersilie unterheben.
Den gewässerten RÖMERTOPF ausfetten. Das Eiweiß steifschlagen, unter die Spinatmasse heben und in den RÖMERTOPF füllen.
Mit der restlichen, zerkleinerten Butter und Käsestreifen belegen; Topf schließen.

Spinat-Eierkuchen, überbacken (Holland)

6 Eier, 200 g Mehl, Salz, 1/8 l Mineralwasser, 1 Zwiebel, 1 EL Butter, 450 g TK-Spinat, frischgemahlener Pfeffer, geriebene Muskatnuß, 125 g saure Sahne, 70 g geriebener Käse.
Garzeit ca. 35 Minuten
Nährwert je nach aufgenommenem Bratfett

Aus 4 Eiern, Mehl, Salz und Mineralwasser Eierkuchenteig rühren, daraus in der Pfanne 4 große Eierkuchen backen. Die Zwiebel hacken und in der Pfanne mit Butter anschmoren; Spinat dazugeben, auftauen lassen; mit Salz, Pfeffer, Muskat und 4 EL saurer Sahne einige Minuten durchkochen; dann auf den Eierkuchen verteilen. Sie werden zusammengeklappt und in den gewässerten RÖMERTOPF gelegt. Käse und Sahne mit den übrigen Eiern verrühren, darübergießen und den Topf schließen.

Käse-Soufflé
(Holland, Schweiz)

100 g Butter, 100 g Mehl, 1/4 l Milch, geriebene Muskatnuß, Salz, frischgemahlener Pfeffer, etwas Tabasco, etwas Suppenwürze, 4 Eier, 200 g geriebener Käse, je 2 EL gehackte Petersilie und Schnittlauch.
Garzeit ca. 55 Minuten
Nährwert ca. 550 kcal = 2302 kJ

Den gewässerten RÖMERTOPF gut mit erwärmter Butter ausfetten, damit das Soufflé beim Aufgehen nicht am Topf hängenbleibt. In der übrigen Butter das Mehl anschwitzen; mit der Milch aufgießen, aufkochen lassen; mit Gewürzen abschmecken; von der Kochstelle nehmen. Die Eier trennen und die Dotter unterrühren, dann den Käse.
Zuletzt das steifgeschlagene Eiweiß und die Kräuter unterheben. In den Topf füllen, den Deckel aufsetzen.

Kartoffel-Quark-Auflauf
(Polen)

500 g Sahnequark (20 % Fett), 1/8 l Milch, Salz, frischgemahlener Pfeffer, 2 EL Kapern, 1 Gewürzgurke, 2 EL Schnittlauchröllchen, 1 EL Tomatenketchup, 3 Tomaten, 500 g gekochte Kartoffeln, 200 g kräftige Knoblauchwurst, 1 EL Butter.
Garzeit ca. 40 Minuten
Nährwert ca. 500 kcal = 2093 kJ

Den Quark mit Milch verrühren, salzen, pfeffern; Kapern, gewürfelte Gurke und Schnittlauch unterheben; mit Tomatenketchup abschmecken. Die Tomaten enthäuten, grob würfeln. Die abgezogenen Kartoffeln in Scheiben schneiden.
Die Knoblauchwurst enthäuten und in Streifen teilen. Alles in die Quarkmasse heben und in den gewässerten RÖMERTOPF füllen.
Mit den Butterflöckchen bestreuen.

Schweinefleisch-Auflauf mit Äpfeln (England)

800 g Kartoffeln, 1/8 l Milch, Salz, 30 g Butter, 150 g Zwiebeln, 700 g mageres Schweinegulasch, frischgemahlener Pfeffer, 1 Msp Salbeipulver, 350 g säuerliche Äpfel.
Garzeit ca. 1,5 Stunden
Nährwert ca. 550 kcal = 2300 kJ

Kartoffeln weichkochen, schälen und mit der gesalzenen Milch zu Püree verarbeiten.
Den gewässerten RÖMERTOPF mit Butter ausfetten. Die Zwiebeln hacken. Das Fleisch waschen, trockentupfen, in kleine Würfel schneiden, salzen und pfeffern, mit Salbei würzen.
Die Äpfel schälen, vom Kerngehäuse befreien. Alles schichtweise in den Tontopf füllen, dazwischen salzen und pfeffern. Die übrige Butter in Flöckchen daraufsetzen, den Topf schließen.
In den letzten 10 Minuten offen überbacken.

Aufläufe sind im gesamten Mittelmeerraum in Fülle zu finden und ähneln sich im Grunde sehr. Nudeln oder Reis sind die Hauptgrundlagen.
Während Franzosen fein mit Kräutern, Pilzen und Wein würzen, Spanier auch einmal einen Schuß Weißwein oder Sherry zugeben und oft kräftige Wurst sowie Knoblauch mitverwenden, geht man im östlichen Mittelmeer zu Lamm und Rind und meist sehr exotischen Gewürzen über. Gehackte Mandeln, viel Petersilie und Zitrone, Kurkuma und Kreuzkümmel, Zimt, Piment und Ingwer, Rosenwasser und Rosinen sorgen für interessantes Aroma.
Die folgende Auswahl läßt sich leicht variieren:

Lasagne
(Italien)

200 g Lasagneplatten, 2 Zwiebeln, 2 Knoblauchzehen, 2 EL Olivenöl, 1 kleine Dose geschälte Tomaten, Salz, frischgemahlener Pfeffer, Oregano, gehackte Petersilie, 4 Tomaten, 200 g Sahne, 2 Eidotter, 50 g geriebener Käse, Saft von 1/2 Zitrone, 50 g Butter.
Garzeit ca. 40 Minuten
Nährwert ca. 600 kcal = 2510 kJ

Eine Schicht Lasagne in den gewässerten RÖMERTOPF legen. In der Pfanne die enthäuteten und gehackten Zwiebeln und Knoblauchzehen im Öl anschmoren. Die Tomaten dazugießen, mit Salz, Pfeffer, Oregano und Petersilie vermischen, etwas einkochen.
Dann die frischen Tomaten mit kochendem Wasser überbrühen, enthäuten, würfeln, untermischen.
Für die weiße Soße die Sahne aufkochen, mit Eidottern und geriebenem Käse binden, mit Zitronensaft, Salz und Pfeffer würzen.
Abwechselnd die Soßen und die Nudelblätter in den Topf schichten, üppig mit Butterflöckchen besetzen. Den Topf schließen.

Makkaroni-Auflauf
(Sizilien)

300 g Makkaroni, Salz, 3 Eier, 150 g Tatar, 3 EL gehackte Nüsse nach Wahl, 1 Knoblauchzehe, 1/2 Zwiebel, Salz, frischgemahlener Pfeffer, 2 EL gehackte Petersilie, 1 kleine Dose geschälte Tomaten, 1 EL Tomatenketchup, 1/8 l Tomatensaft, 80 g Salami, 80 g geriebener Käse, 50 g Butter.
Garzeit ca. 1 Stunde
Nährwert ca. 750 kcal = 3138 kJ

Die Makkaroni in reichlich Salzwasser nicht ganz weich kochen, gut abtropfen lassen. 2 Eier hartkochen, dann schälen und in Scheiben schneiden. Das Tatar mit rohem Ei, den Nüssen, gepreßtem Knoblauch und geriebener Zwiebel verkneten, mit Salz, Pfeffer und Petersilie würzen; kleine Klößchen formen.
In den gewässerten RÖMERTOPF rund ein Drittel der Makkaroni geben; mit Eierscheiben und den Klößchen belegen; einige EL pürierte Tomaten - mit Ketchup und Tomatensaft vermischt - darüberträufeln.
Mit einer Schicht Makkaroni abdecken.
Diese wird mit den enthäuteten Salamischeiben belegt, mit der Hälfte des Käses bestreut und ebenfalls mit Tomatensoße begossen.
Erneut mit Nudeln abdecken, mit dem restlichen Käse bestreuen und mit der restlichen Tomatensoße begießen. Üppig mit Butterflocken belegen. Den Topf schließen.
Während der letzten 10 Garminuten den Deckel abnehmen. Viel frischen Salat zum Auflauf reichen.

Nudel-Auflauf
(Türkei)

300 g Makkaroni, Salz, 3 EL Öl,
3 Knoblauchzehen, 4 Eier, Salz,
frischgemahlener Pfeffer,
150 g grob geriebener Hartkäse,
250 g Schafskäse, 1 Zitrone,
200 g Vollmilchjoghurt,
Petersilie oder Selleriegrün.
Garzeit gut 40 Minuten
Nährwert ca. 700 kcal = 2929 kJ

Die Nudeln in Salzwasser nicht zu weich kochen und gut abtropfen. In der Pfanne das Öl und gepreßten Knoblauch erhitzen; die Nudeln darin anbräunen, dann in den gewässerten RÖMERTOPF geben. Die Eier mit Salz, Pfeffer, dem geriebenen Käse und dem zerbröckelten Schafskäse sowie Zitronensaft zu einer pikanten Masse verrühren;
zuletzt Joghurt und Kräuter beimischen; unter die Nudeln heben und den Topf schließen. In den letzten 10 Minuten den Deckel abnehmen.

Kartoffel-Soufflé
(Frankreich)

800 g Kartoffeln, Salz, 1/8 l Milch,
4 Eier, 100 g geriebener Käse,
frischgemahlener Pfeffer,
etwas geriebene Muskatnuß,
50 g Butter.
Garzeit ca. 40 Minuten
Nährwert ca. 450 kcal = 1883 kJ

Die Kartoffeln kochen, schälen und zerdrücken; mit der leicht gesalzenen, erhitzten Milch und den Dottern der getrennten Eier und dem Käse glattrühren; mit Pfeffer und Muskat abschmecken.
Das steifgeschlagene Eiweiß unterheben. Den gewässerten RÖMERTOPF ausbuttern und die Kartoffelmasse einfüllen. Mit Flocken der restlichen Butter bestreuen und den Topf schließen.

Kartoffelgratin

1000 g Kartoffeln, 50 g Butter, Salz,
frischgemahlener Pfeffer,
50 g geriebener Käse, geriebene Muskatnuß,
1 Zwiebel, 250 g Sahne.
Garzeit ca. 60 Minuten
Nährwert ca. 500 kcal = 2092 kJ

Die Kartoffeln schälen und in Scheiben hobeln. Den gewässerten, gebutterten RÖMERTOPF schichtweise mit Kartoffeln auslegen. Die einzelnen Schichten jeweils mit Salz und Pfeffer bestreuen und mit einer Mischung aus Sahne, Käse, Muskat und feingeriebener Zwiebel beträufeln. Mit der übrigen, in Flöckchen zerteilten Butter bestreuen und den Topf schließen.

Herzhaftes Kartoffelgratin, französisch

Zwischen zwei Lagen von Kartoffelscheiben 300 g gut gewürztes, mit 100 g Kräuter-Crème-fraîche vermischtes Hackfleisch schichten.

Zucchini-Auflauf

(Italien), Abb. Seite 145

500 g Zucchini, 4 Eier, 2 EL Zitronensaft,
Salz, Pfeffer, etwas geriebene Muskatnuß,
100 g Mehl, 400 ml Milch,
100 g geriebener Parmesan,
1 EL gehackte Petersilie, 40 g Butter.
Garzeit ca. 40 Minuten
Nährwert ca. 450 kcal = 1883 kJ

Die Hälfte der Zucchinis waschen, die Enden abschneiden und das Fruchtfleisch grob hacken.
Die Eier verquirlen, mit Zitronensaft, Salz, Pfeffer und Muskat würzen. Mit Mehl, Milch und Käse sowie Petersilie zu einer glatten Masse verrühren. Den lt. Vorwort gewässerten RÖMERTOPF ausbuttern, die Masse einfüllen und die restlichen in Scheiben geschnittenen Zucchinis daraufgeben. Mit der übrigen, in Flöckchen zerteilten Butter bestreuen. Den Topf schließen. In den letzten 10 Minuten offen überbacken.

Auberginen- und Paprikaauflauf - im ganzen Mittelmeerraum heimisch werden ebenso bereitet.

Risotto

(Italien)

250 g Reis, 1 Zwiebel, 1 EL Öl,
gut 1/2 l Geflügelbrühe,
100 g geriebener Käse, 250 g Bratwursthack,
250 g Tomaten, Salz,
frischgemahlener Pfeffer.
Garzeit ca. 45 Minuten
Nährwert ca. 700 kcal = 2930 kJ

Den Reis in einem Sieb abbrausen, gut abtropfen lassen.
Die Zwiebel häuten, hacken und in der Pfanne im Öl kurz anbraten; den Reis dazugeben und kurz mitschmoren; in den gewässerten RÖMERTOPF füllen, mit Brühe aufgießen und den Topf schließen. Nach 20 Minuten den Käse unterziehen. Aus der Bratwurstmasse Klößchen formen, in den Reis drücken und mit Scheiben von enthäuteten Tomaten bedecken. Sehr leicht salzen, gut pfeffern.

Roter Risotto, italienisch

Die Hälfte der Brühe durch Tomatensaft ersetzen; statt der Bratwurstmasse 125 g angeröstete Würfelchen von durchwachsenem Speck verwenden.

Reis, kroatisch

500 g Ringe von Paprikaschoten unterziehen; pikant mit Paprika würzen.

Reis, französisch

Hühnerleber und geschnittene Champignons statt Tomaten und Bratwursthack in den Reis geben. Mit reichlich kleingeschnittenen gemischten Kräutern würzen.

Reis, spanisch

Statt Bratwursthack Scheiben von Knoblauchwurst zugeben;
mit Trockenkräutermischung der Provence würzen;
mit Butterflöckchen und Streifen von Sardellenfilets belegen.

Reis mit Zucchini, östliches Mittelmeer

500 g Zucchinischeiben untermischen. Die Reisflüssigkeit mit Zitronensaft und Currypulver würzen.

Reis mit Fisch, griechisch

Die Flüssigkeit gut mit Zitronensaft säuern. Statt Hack 400 g zerpflückten Fisch mitgaren.

Gewürzreis, ägyptisch

Den Reis mit Knoblauchzehen vermischen.
Gewürztes Lammhack verwenden.
Die Flüssigkeit mit etwas Kurkuma und Kreuzkümmel sowie einer Spur Zimt würzen, salzen, sehr pikant pfeffern.

Serbisches Reisfleisch

500 g Schweinegulasch,
2 EL Schweineschmalz, Salz,
2 Knoblauchzehen, 2 Zwiebeln,
2 Paprikaschoten, 200 g Reis, 1/2 l Brühe,
400 g Tomaten, beliebiges Paprikapulver.
Garzeit ca. 1 Stunde
Nährwert ca. 600 kcal = 2511 kJ

Das Fleisch waschen, trockentupfen, sehr kleinschneiden und in der Pfanne mit Schmalz 10 Minuten braten (dabei bewegen), dann salzen; Knoblauch und Zwiebeln enthäuten, hacken und kurz mitschmoren. In den gewässerten RÖMERTOPF füllen. Die Paprikaschoten in Streifen dazugeben. Mit dem Reis bestreuen, mit der Brühe begießen. Die Tomaten mit kochendem Wasser überbrühen, enthäuten, in Scheiben schneiden, mit Paprika bepudern und untermischen. Den Topf schließen. Scharf abschmecken.

MEINE EIGENEN RÖMERTOPF-REZEPTE:

ZUTATEN:

ZUBEREITUNG:

RÖMERTOPF Keramik GmbH
In den besten Küchen der Welt

Ausgewählte internationale Rezepte
für gesundheitsbewußte Feinschmecker
von Eva Exner

5. Auflage 140 000 – 170 000

Redaktion: Eva Exner, Nürnberg
Fotographie: Studio Juchum, Wuppertal
Herstellung: DONAU DRUCK
Regensburg GmbH
Bestell-Nr. 091500400
ISBN 3-87059 051 3